中小企業のための

海外販路開拓と輸出の実務手引き

中小企業診断士
尾崎太郎

アニモ出版

はじめに

急速なグローバル化の進行によって、海外の市場はより身近に感じられる時代になりました。

政府も海外事業展開を政策として掲げ、政府目標としてＫＰＩ（2030年までに中堅・中小企業等の輸出額および現地法人売上高の合計額を35.5兆円とする）を設定しています。

また、現在の円安は、これまで海外ビジネスに積極的ではなかった中小企業にとっても、輸出を開始し、海外市場を開拓していく絶好の契機となっています。

しかしさまざまな課題により、海外進出に尻込みしてしまう中小企業も多く存在するのが実情です。

そのような中小企業に対して、海外販路開拓・輸出手続きをどのように行なえばよいか、ということをわかりやすく、かつ網羅的に解説する実務書として本書を発刊しました。

著者は、海外事業経験が長く、海外事業専門家として多くの中小企業の海外販路開拓の支援を行なってきました。

本書は、その支援経験をベースに、中小企業が海外販路開拓や輸出業務を行なう際に、想定されるケースにもとづいて解説した内容になっています。

大企業においては、海外販路開拓・輸出取引には、海外営業部門、財務部門、物流部門、法務部門など複数の部門が関与して、それぞれの専門領域の業務を担当することが多いといえます。

一方、経営資源が限られる中小企業においては、実務担当者が1人、あるいは経営者自らがすべての業務を受け持たなければならない、ということも想定されます。

本書はそのような方々に対しても、海外販路開拓・輸出取引の業務の進め方が網羅的に理解いただけるように解説しています。

本書が、自社の製品・サービスの海外展開を考えている中小企業の経営者・実務担当者の方のハンドブックとなれば幸いです。

大企業においても、新たに海外業務を担うことになった管理者・実務担当者の方に、ハンドブックとしてご活用いただけるものと思っています。

2023年9月

中小企業診断士　尾崎　太郎

本書の内容は、2023年9月20日現在の法令等にもとづいています。

中小企業のための海外販路開拓と輸出の実務手引き

もくじ

2章

海外販路開拓はどのようにして行なうのか

3章

輸出取引の実務ガイドとリスク管理のしかた

4章

海外取引には知財戦略が欠かせない

5章

海外販路開拓に活用できる公的補助金と支援先

カバーデザイン◎水野敬一

本文ＤＴＰ＆図版◎伊藤加寿美（一企画）

プロローグ

なぜいま、
海外販路開拓に取り組むべきなのか

中小企業の海外販路開拓の現状と課題

かつては、輸出に取り組むのは主に大企業というイメージがありました。しかし現在では、大企業が輸出に取り組む割合は横ばいである一方、輸出に取り組む中小企業の割合は大幅に増えつつあります。

たとえば、1997年から2019年のそれぞれの直接輸出企業の割合を比較すると、下のグラフにあるように、大企業では28.8％から28.0％へとやや減少しているのに対して、中小企業では16.4％から21.5％へと増えています。

◎企業規模別にみた直接輸出企業の割合◎

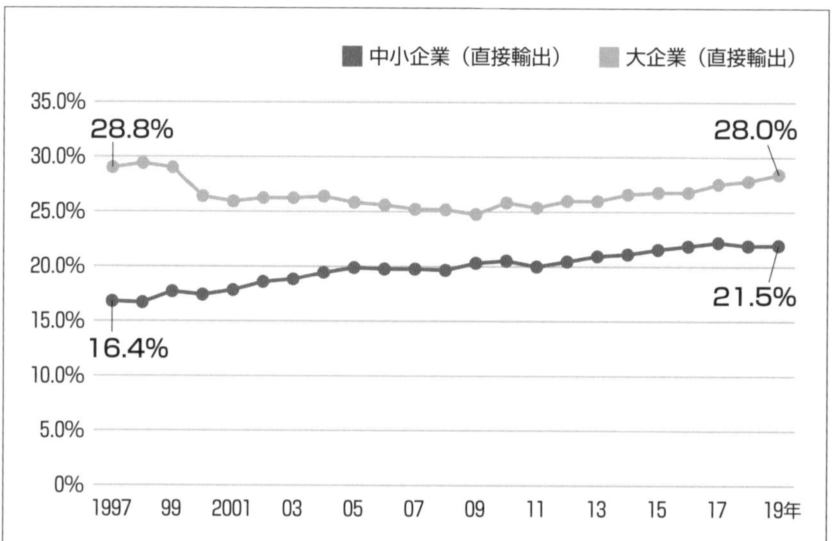

（出所：中小企業庁「中小企業白書」2022年版より）

これは、輸出を行なうための**輸出環境が改善されてきていること**により、新たに輸出を始めるための障壁が低くなってきているからです。

輸出環境の改善ポイントとしては以下の項目があげられ、新たに輸出に取り組む機会ともなっています。

- 円安の進展
- 日本製品への需要拡大
- 情報通信技術の発達
- 輸送手段の発達・多様化
- 輸出手続きの簡素化
- ＦＴＡ（関税条約）締結による相手国の関税ゼロ化、関税率引下げ
- 輸出相手国の経済情勢改善

特に、現在の円安は、輸出を新たに始める観点からも好機です。海外のバイヤーにとっては、現地通貨建てでの購入価格が下がり、価格競争力が高まっています。これまで輸出をしたことがない中小企業でも、初めての輸出商談を成約に結びつける好機となっているわけです。

一方で輸出を始めたいと考えていても、さまざまな課題により尻込みをしてしまう中小企業が多いのも現状です。

次ページ上の図は、海外展開を実施していない企業が最も強く感じている課題についての調査資料です。

この資料によれば、「販売先の確保」が最も強く感じている課題ですが、「現地の市場動向やニーズの調査」「海外展開を主導する人材の確保」「信頼できる提携先・アドバイザーの確保」も障壁となっています。

この図は、まだ輸出を始めていない中小企業が感じている、海外

◎海外展開を実施していない企業が最も強く感じている課題◎

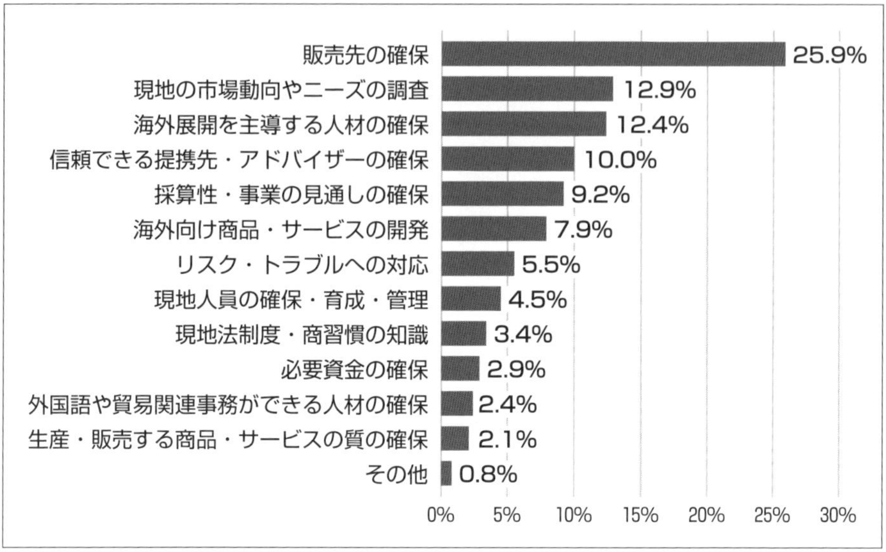

（出所：中小企業庁「中小企業白書」2022年版より）

展開（輸出を含む）への参入障壁（輸出に取り組めない課題）です。

しかし、著者が自身の中小企業への支援を通じて感じている中小企業のニーズ（輸出に取り組んでいる中小企業の抱える課題）は以下に要約されると感じています。

- 海外の販売先・販売店候補を探したい
- 現地の市場調査（競合、市場規模等）をどうやって行なえばよいか
- 内部・外部環境分析によれば、どの国へ販売するのが望ましいのか？
- 現地の輸入規制（関税を含む）や販売規制を知りたい
- 言葉の問題もあり、自社で海外と商談するのは難しいので、サポートしてほしい
- 販売店契約はどのように結んだらよいか？
- 代金回収はどのように行なえばよいか？

「輸出に取り組めていない企業」と「輸出に取り組んでいる中小企業」の抱えている課題は、ほぼ同じですが、「輸出に取り組んでいる中小企業」では、より具体化した課題を抱えていることがわかります。

輸出取引で得られるメリットとは

少子高齢化による人口減少が続き、国内需要が減少していくなかで、企業にとっては、国内だけの需要に頼っていては生き残りが難しい時代となっています。

一方で海外に目を向けると、経済成長が見込まれる国、地域が多くあります。

こうしたなかで、海外の需要を取り込むことが企業の成長戦略を描くうえでの重要な課題となっています。今後、国内市場での成長

◎輸出による効果◎

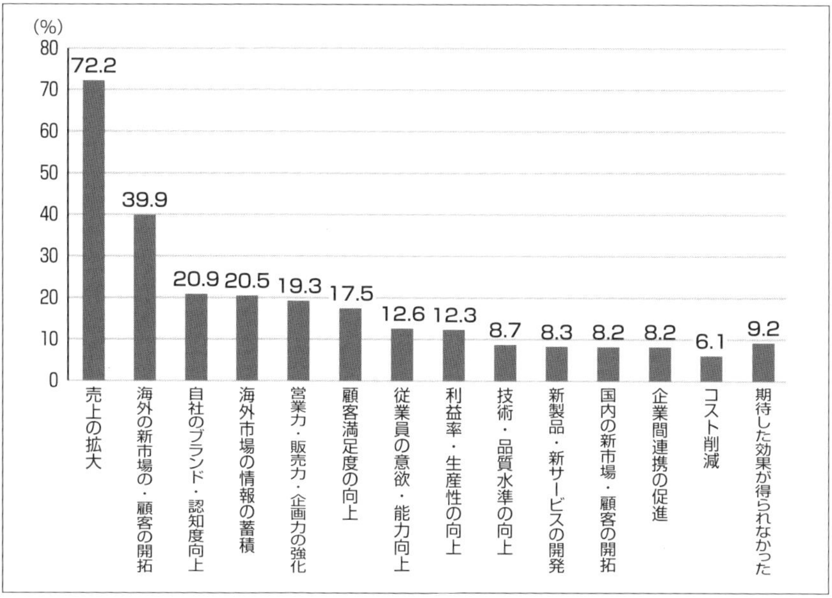

（出所：中小企業庁「中小企業白書」2016年版より）

が予測される業態は限られる一方で、海外市場ではビジネスチャンスの幅が大きいといえます。

前ページの図は、少し古い資料ですが、中小企業611社のアンケート結果をグラフにしたものです。輸出による売上増加は最も大きな効果ですが、それ以外にも図にあげた項目について相乗効果を得ることができる、と多くの中小企業が感じています。

本書の活用のしかた

前ページの図にあげたように、輸出にはさまざまなメリットがあり、企業の成長戦略の原動力となり得ます。

一方で、輸出取引を始めるには、冒頭で触れたような課題を解決する必要があります。

また1章で、国内取引と輸出取引の違いについて解説しますが、輸出取引特有の障壁・リスクも存在します。そのような課題をどのように解決すればよいか、そして輸出取引特有の障壁・リスクをどのように回避、低減するかについても本書で解説します。

さらに1章では、輸出取引において想定される商流という面から、間接輸出と直接輸出の違いについて解説しますが、本書では**直接輸出に取り組もうとする中小企業**のために、海外販路開拓や輸出実務の進め方のポイントを解説していきます。

しかし、間接輸出を考えている企業においても（契約条件によりますが）、仲介する商社がすべての業務を代行してくれるとは限りません。

そこで、間接輸出においても、自社で取り組まなければならない業務について、本書の各項目を参考に業務を進めることが可能となるように解説しています。

1章

海外販路開拓・輸出手続きのために知っておきたい基礎知識

1-1 国内取引と輸出取引は何が違うか

輸出取引にはさまざまな障壁・リスクがある

輸出取引（輸出）は、日本とは異なる国へ販売するので、以下にあげるような、国内取引にはないさまざまな障壁・リスクがあります。

【コミュニケーション上の障壁】

外国との取引交渉では、相手の国の言語や英語など第三国の言語を使用することになります（相手国に居住する日本人がいる場合など、日本語でもコミュニケーションが可能な場合もあります）。

そのため、コミュニケーションがスムーズに進まず、誤解が生じるリスクがあります。

【法制度の違い】

輸出の場合は、日本の輸出規制と相手国の輸入規制、相手国内での取引規制（製品認証、販売許可等）が必要なケースがあります。

【カントリーリスク】

取引対象国の政治・経済・社会環境の変化（戦争、内乱、政治体制の変更、経済危機など）による、取引相手がもっている商業リスクとは無関係に収益を損なう危険の度合いのことを「カントリーリスク」といいます。

たとえば輸出取引には、輸出入や為替送金の停止などの事態に陥るリスクがあります。

【取引通貨の違いによる為替変動リスク】

国内取引では円通貨で取引しますが、輸出取引の場合は、他国の通貨で取引する場合が多くなります（円通貨による取引もありますが）。

この場合、円貨へ交換する際の外国為替相場は日々変動するため、為替の変動リスクが発生します。

【企業の信用リスク】

国内取引でも新規取引先の信用度（財務状況、生産・営業能力、経験、誠実性等）を考慮する必要がありますが、輸出取引でも同様に信用度の調査が必要です。

国内の場合は、相手企業との商談、業界での風評、信用調査機関の活用等により信用度を判断できますが、輸出取引の場合は、取引相手と頻繁にリアルに商談することはできないため、またいままで培ってきたビジネスセンスが役立たない場合もあり、相手先企業の信用度の判断は難しくなります。

【貨物の損害リスク】

輸出取引は、船舶や航空機による輸送によって行なわれ、運送距離も国内取引と比べ距離・時間が長くなります。したがって、輸送途上に事故による貨物の変質や損傷などの損害が発生するリスクが高くなります。

【代金の回収リスクと製品の入手リスク】

輸出取引は、国内取引と違って、製品の受取りと製品代金の受取りを同時に行なうことは困難であり、時間差が生じます。したがって、代金後払いの場合は、輸出者が代金回収前に製品を出荷することになるため、代金を回収できないリスクを負うことになります。

1-2

輸出取引における貿易条件「インコタームズ」とは

リスクの移転時点や費用負担について取り決める

輸出取引においては、いくつもの輸送工程を経てから買主に貨物が届けられます。この輸送工程において、売主と買主との間で、リスクの移転時点（貨物の引渡し時点）や、運賃や保険料等の費用の負担区分などについて取り決める必要があります。

つまり、「誰がどこからどこまでの運賃を支払うのか」「誰がどこから貨物に対する責任を取るのか」を明確にする必要があるわけです。

そのような多国間での貨物の輸送工程における国際的なルールとして、「**インコタームズ**」（Incoterms）と呼ばれるものがあります。

インコタームズは、国際商業会議所（International Chamber of Commerce：ＩＣＣ）が1936年に、商慣習で形成された貿易条件の共通の了解事項や合意事項を国際ルールとして確立するために、定型的な貿易条件としてまとめました。

これをInternational（国際）の「In」とCommerce（商業）の「Co」に「Terms」（条件）を合わせて、インコタームズ（Incoterms）と呼ぶようになりました。

インコタームズはその後、何回もの改訂を経て2020年に最新版として「インコタームズ2020」が発効しました。

インコタームズの規則は、アルファベット３文字（たとえば、ＦＯＢ、ＥＸＷなど）で表わされます。それぞれの規則では、輸送工程において、売主と買主との間におけるリスクの移転時点や運賃や保険料等の費用の負担区分などについて、売主・買主が行なうべき義務を定めています。

ちなみに、次ページの図は、「インコタームズ2000」のときの、

◎インコタームズ2000におけるリスクの移転時点・費用負担等◎

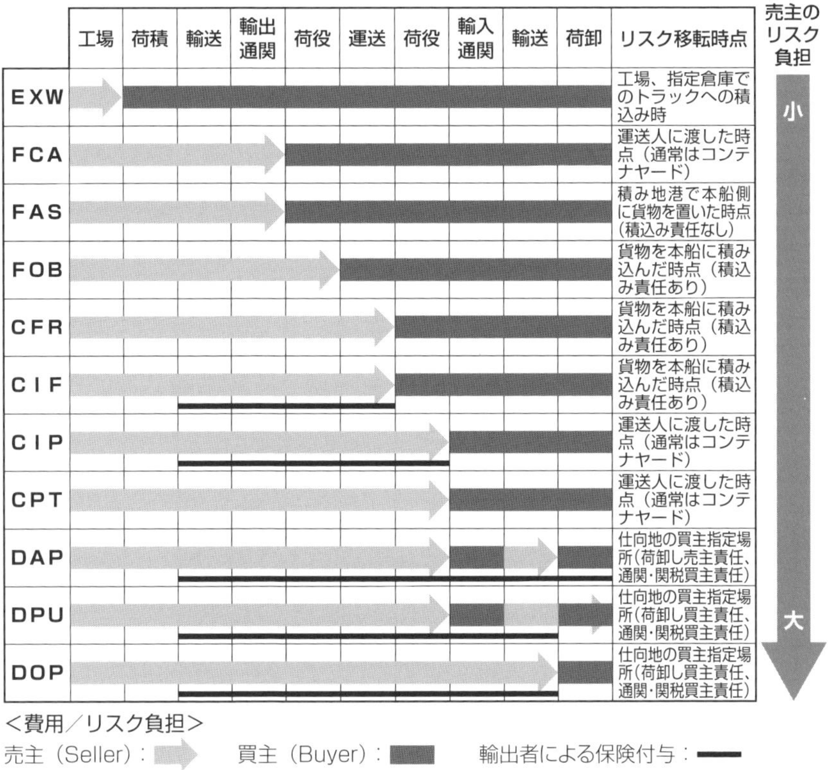

工場
荷積
輸送
輸出通関
荷役
運送
荷役
輸入通関
輸送
荷卸
リスク移転時点
売主のリスク負担
小
大
EXW
工場、指定倉庫でのトラックへの積込み時
FCA
運送人に渡した時点（通常はコンテナヤード）
FAS
積み地港で本船側に貨物を置いた時点（積込み責任なし）
FOB
貨物を本船に積み込んだ時点（積込み責任あり）
CFR
貨物を本船に積み込んだ時点（積込み責任あり）
CIF
貨物を本船に積み込んだ時点（積込み責任あり）
CIP
運送人に渡した時点（通常はコンテナヤード）
CPT
運送人に渡した時点（通常はコンテナヤード）
DAP
仕向地の買主指定場所（荷卸し売主責任、通関・関税買主責任）
DPU
仕向地の買主指定場所（荷卸し買主責任、通関・関税買主責任）
DOP
仕向地の買主指定場所（荷卸し買主責任、通関・関税買主責任）
<費用／リスク負担>
売主（Seller）：
買主（Buyer）：
輸出者による保険付与：

それぞれの規則のリスクの移転時点、運賃・保険料等の費用の負担区分についてまとめたものです。

インコタームズ2020で定められている規則

インコタームズ2020では、以下の11の規則（引渡し条件）が定められています。

- ＥＸＷ（Ex Works）：工場渡し
- ＦＣＡ（Free Carrier）：運送人渡し
- ＦＡＳ（Free alongside Ship）：船側渡し
- ＦＯＢ（Free on Board）：本船渡し

- ●ＣＦＲ（Cost and Freight）：運賃込み
- ●ＣＩＦ（Cost Insurance and Freight）：運賃保険料込み
- ●ＣＩＰ（Carriage and Insurance Paid To）：輸送費保険料込み
- ●ＣＰＴ（Carriage Paid To）：輸送費込み
- ●ＤＡＰ（Delivered at Place）：仕向地持込渡し
- ●ＤＰＵ（Delivered at Place Unloaded）：荷卸し込持込渡し
- ●ＤＤＰ（Delivered Duty Paid）：関税込持込渡し

売主にとってリスク・負担が一番少ないのは「ＥＸＷ」で、売主の工場・倉庫での引渡しでは、運送人トラックへの積込み責任もなく、輸送リスクは一切ありません。一方、リスク・負担が一番大きいのは「ＤＤＰ」で、買主の指定場所までのすべてのリスクを引き受けることになります。

海外バイヤーから引合いがある場合、たとえば「FOB JAPAN」とか「FOB横浜」での見積りを求められることがあります。その際は、上記の規則に含まれる条件にもとづいてコストを算出します。インコタームズ規則の指定がなければ、こちらでどの規則を適用するかを、見積りに明記することになります。

インコタームズの規則のなかで一番多く使われるのは「ＦＯＢ」です。これは、在来船（ばら積み貨物船）に貨物を積み込む場合（積み込んだ時点で貨物を買主に引渡し）を指します。

近年は、海外への貨物輸送はコンテナ船が主流になりつつありますが、コンテナ船の場合、貨物は港近くのコンテナヤードでコンテナに積み込んだ後に、コンテナごとコンテナ船に積み込みます。

この場合、コンテナヤードで貨物を積み込んだ時点での引渡しとなり、「ＦＣＡ」となります。しかし、ＦＯＢとＦＣＡを厳密に使い分けているケースはあまりなく、海外バイヤーからＦＯＢでの見積りを求められたら、ＦＣＡ条件と理解してよいでしょう。近年では、ばら積み貨物船による海上輸送はほとんどなく、コンテナ船での海上輸送が主流だからです。

1-3 輸出取引において想定される商流

輸出には間接輸出と直接輸出がある

輸出には、「**間接輸出**」と「**直接輸出**」があります。

下図に示したように、間接輸出は商流として「輸出商社」を介して販売し、直接輸出は売主（メーカー）が直接、海外の買主に輸出して販売します。

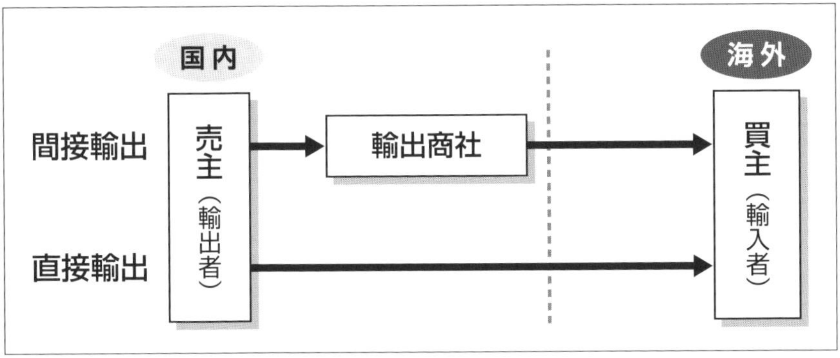

間接輸出、直接輸出のメリット・デメリット

間接輸出と直接輸出、それぞれのメリット・デメリットをあげると次ページ表のようになります。

これらのメリット・デメリットのなかで、成約に係る重要なファクターとして**商社の手数料**が発生するか、しないかということがあります。

工業製品を輸出する場合、近年は中国などの新興国が日本企業製品の代替品、類似品を市場に投入しているケースが多く見受けられ、ほとんどの場合でそれらの価格は日本製品よりも相当安く流通しています。

◎間接輸出、直接輸出のメリット・デメリット◎

	メリット	デメリット
間接輸出	●商社がもっているビジネスネットワークを利用できる ●煩雑な通関、国際輸送の手続きを商社に任せられる ●自社内に語学力のある社員がいなくても、商社の外国語堪能なスタッフに種々の交渉を任せられる ●トラブルがあった場合、商社のもつ経験、ノウハウを活用できる	●商社に対して手数料を支払う必要があり、その分を製品価格に転嫁せざるを得ないため、製品の価格競争力が低下する ●顧客と直接交渉ができないため、自社の意見を通しづらい場合がある（商社の意向が反映する場合もある） ●現地市場情報について直接探ることが難しくなる ●契約次第ではあるが、通関・国際輸送、代金決済のリスクそのものは必ずしもなくならない ●間接貿易であっても、自社の法的、品質的な責任（製造者責任等）は残る
直接輸出	●商社に対して手数料を支払う必要がないため、製品の価格競争力が高まる ●海外の輸入者と直接交渉をするので、自社の要望、先方の要望が把握しやすい。また、タイムリーな現地市場情報の把握が可能 ●海外の輸入者と直接交渉をするので、信頼関係を構築しやすい ●自社内に海外取引に関するノウハウの蓄積ができる	●商社がもっているビジネスネットワークを利用できない ●自社で通関、国際輸送の手続きを行なう必要がある ●自社で製品の品質保証とクレーム対応をしなければならなくなり、商社のもつ経験、ノウハウを活用できない ●自社で貿易と国際輸送のノウハウの蓄積、ビジネスネットワークの開拓をすることが必要になる ●海外の輸入者と外国語でコミュニケーションをとらなければならない ●代金決済が輸出信用状（L／C）の場合は、自社で取引銀行との手続きを行なう必要がある

海外のバイヤーからは当然、それら代替品、類似品との価格差を埋めるようなプレッシャーを受けます。日本製品の場合は、原則として価格競争は避けるべきです（詳しくは2－8項で解説します）。

とはいえ、「**価格**」はバイヤーにとって、購買意思決定の重要なファクターであり、価格差が大きい場合は、現実的に受注するのは難しくなります。

間接輸出の場合、バイヤーへの見積価格には商社の手数料が上乗せされます。したがって、間接輸出と直接輸出のどちらにするか選択する際には、自社製品の価格競争力の調査、検討が重要です。

海外の消費者にＥＣ（Electronic Commerce：電子商取引）販売以外で直接販売することは難しく、海外現地での販売店（ディストリビューター（Distributor）、輸入者であることが多い）を通じての販売となることが一般的です。

直接輸出の場合に想定される主な商流は、下図のとおりです（間接輸出の場合は、売主と買主の間に商社が介在します）。

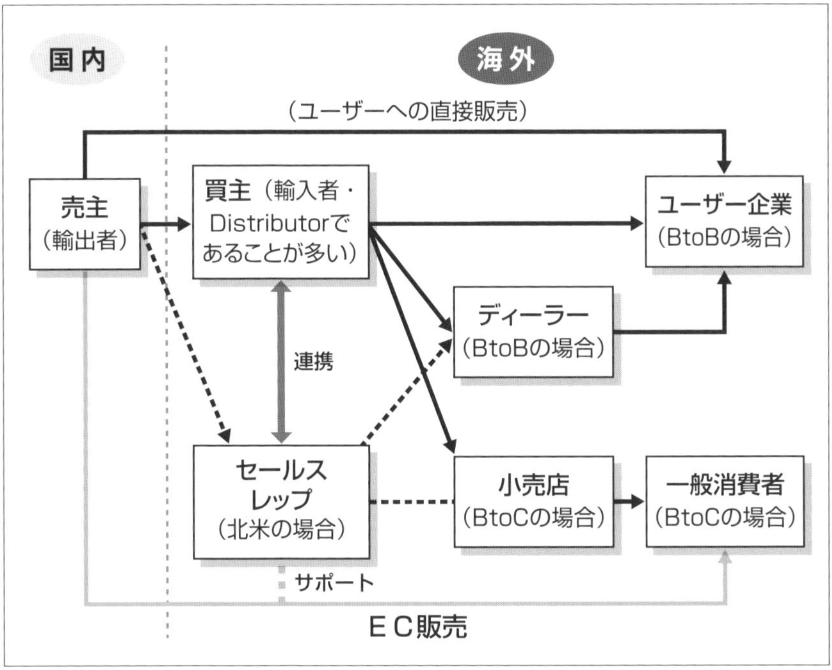

1-4 「ディストリビューター」とは何か

自らの責任で製品を販売する形態の事業体をいう

前項で、ＥＣ販売の場合は販売店（**ディストリビューター**であることが多い）を通じての販売となることが一般的であると解説しました。

したがって、海外で販路を開拓する場合は、まずは**ディストリビューター候補を探す**ことになる場合が多くなります。

「ディストリビューター」とは、自らの責任で製品を販売する形態の事業体を指します。

販売店は、輸出者等（メーカー等）から製品を仕入れ、自社の顧客へ製品を販売する売買行為を行ないます（通常、輸出者等と**販売店契約**（Distributorship Agreement）を結びます）。この場合、顧客への販売価格は、販売店が自由に設定することができます（輸出者等の販売店契約の条件で制限される場合もありますが）。

このように、輸出者等との製品取引は、いわゆる「売り切り・買い切り」、すなわち**相対**（あいたい）**取引**であり、それによって生じる損益、代金回収リスク、在庫リスクは、すべて販売店に帰属します。

販売店契約の種類と代理店との違い

販売店契約には、対象国・地域での独占販売を認める「**独占販売契約**」（Exclusive Distributorship Agreement）と、独占販売を認めない「**非独占販売店契約**」（Non Exclusive Distributorship Agreement）があります（契約の種類については、２－23項で詳しく解説します）。

一方、ディストリビューターと混同されがちなものに、「**代理店**」

(Agent) という形態もあります。代理店は、輸出者等の代理として製品を広く紹介し、販売拡大活動を行ないます。

代理店は、客先との売買契約の当事者とはならないため、その活動も、あくまで輸出者等のための仲立ちです。よって、活動から生じるすべての損益やリスクは、売主である本人に帰属します。売買契約の当事者ではないので、代理店には在庫リスクもありません。

そして代理店は、販売実績に応じて輸出者から手数料 (Agent Commission) を受け取ります。

上記のとおり、販売店と代理店は形態が異なるわけですが、輸出実務に携わる人たちの間では、「販売店 (契約)」のことを、「販売代理店 (契約)」と呼ぶことも多々あります。

実務上、販売代理店 (契約) という言葉を聞いたら、実態は販売店 (契約) と販売代理店 (契約) のどちらであるのか必ず確認しましょう。

1-5

「セールスレップ」とは何か

メーカー等の代理人として営業活動を行なう人のこと

前項で紹介した「代理店」(Agent) と似たような形態として、「**セールスレップ**」(Sales Representative：**営業代理人**) という形態があります。25ページの図でも登場しています。

これは、ほぼ北米 (特に米国) 独特の商慣習といってもよく、北米ではセールスレップを活用して営業活動を行なうのが一般的です。

セールスレップは、**メーカーやディストリビューターの代理人として、顧客に対して製品の営業活動を行なう人たち**のことを指します。セールスレップ業務を行なう会社もありますが、個人でセールスレップ業務を行なっている場合が多いといえます。

セールスレップは、それぞれ特定の業界、製品を得意分野としており、その分野での業界コネクション、販売ノウハウ、製品知識等を有しています。

また通常、セールスレップは複数社とセールスレップ契約を結んで、複数の製品の営業活動をしています。

セールスレップの活動範囲

セールスレップの活動は、単なる訪問販売にとどまらず、ウェブマーケティング、テストマーケティング、顧客へのニーズ調査、顧客への製品評価依頼等、多岐にわたります。

セールスレップは代理店と同様の物流機能、販売機能、代金決済機能は担わず、製品在庫も持ちません。したがって、セールスレップを活用しても別途、ディストリビューターを活用する必要があります。

ただしセールスレップは、製品在庫は持ちませんが、販売促進用に製品サンプルを持つことは必須といえます。

米国においてセールスレップ制度が普及している理由としては、その国土の広さによります（国土は日本の25倍あるのに、人口密度は日本の10分の１です）。

メーカーやディストリビューターが、米国全土で製品を販売しようとしても、全米各地に支店や営業マンを配するには膨大な時間と費用が必要になります。

それよりも、全米各地にテリトリー別にセールスレップを配したほうが効率的、コスト安となるわけです。

1-6

「フォワーダー」とは何か

製品の物流の重要な担い手として必要不可欠な存在

１－３項で、輸出取引において想定される商流について解説しました。「商流」とは「取引の流れ」ですが、製品の物流（国際運送）の重要な担い手として**「フォワーダー」**（Forwarder）という必要不可欠な存在があります。

フォワーダーとは**「貨物利用運送事業者」**のことであり、荷主（輸出者等）から貨物を預かり、他の業者の運送手段（船舶、航空、鉄道、貨物自動車など）を利用して、国際運送を引き受ける事業者を指します。

フォワーダー自体は、運送を直接的には行なわず、運送は他の業者が行ないます。また一般的には、輸出通関業務なども輸送とセットで行ない（輸出貨物は輸出用の梱包を行ないますが、梱包も引き受ける場合もあります）、いわば**物流全体のサービスを提供するエキスパート**といえます。

フォワーダーの仕事と役割

１－２項で、輸出取引における貿易条件である「インコタームズ」の規則について説明しましたが、フォワーダーはそれぞれの条件に合ったサービスを提供してくれます。

たとえば、海外の買手から「ＦＡＳ ＣＦＳ YOKOHAMA」という条件で見積り要求があった場合、フォワーダーより、「自社倉庫等→横浜コンテナヤードの国内輸送費」（場合によっては貨物の輸出梱包費も）や、「コンテナ積込み費用」「輸出通関費用」といった費用を見積もってもらい、買手に提出する見積りに上乗せすることになります。

また、「ＤＤＰ条件」で見積り要求があった場合は、相手国側の輸入通関費や相手国内運送費等も必要になりますが、それらの費用を含んだＤＤＰ条件による見積りもしてくれます。ただし、すべてのフォワーダーが対応しているわけではなく、ある程度の規模以上のフォワーダーなら対応可ということにはなります。

なお、フォワーダーは「**乙仲**」(おつなか) と呼ばれることもあります。

この呼び名は、1939年に制定された海運組合法に由来していて、同法では定期船貨物の取次を行なう業者を「乙種海運仲立業者」と呼んでいました。それを略して「乙仲」と呼ばれていたわけです。

同法は1947年に廃止されましたが、その後も乙仲という呼び名が定着して使われていました。

フォワーダーと乙仲は厳密には若干意味が異なりますが、その使い分けをされることはほとんどなく、同じものと理解して差し支えありません。

1-7

「製品認証」について知っておこう

対象国の販売許可が必要になる場合がある

輸出取引を始める場合、製品によっては対象国での販売に際して、**「製品認証・販売許可取得」**を求められる場合があります。

その際には、以下の点について注意が必要です。

【食品、医薬品、化粧品の製品認証・販売許可（ＦＤＡ)】

販売しようとする製品によっては、**対象国当局の販売許可**が必要になる場合があります。特に、食品、医薬品、化粧品の場合は、ほとんどの国で販売許可がなければ販売することはできません。

日本では、薬機法によって医薬品・医薬部外品・化粧品・医療用具の販売は規制されています。ただし日本では、食品は対象ではありませんが、どこまでの食品が対象となるかは国ごとに異なります。

たとえばアメリカでは、政府機関であるＦＤＡ（Food and Drug Administration）の認証を取得しなければ、アメリカ国内での販売はできません。ちなみに、ＦＤＡはアメリカの認証ですが、他の国でもこのような認証を通称ＦＤＡと呼ばれることがあります。

食品、医薬品、化粧品などの認証制度は、多くの国で必要になりますが、その認証制度は国によって異なるので、事前調査は欠かせません。

【ＣＥマーキング】

輸出取引の相手先がＥＵ加盟国の場合には、ＥＵ加盟国において販売される対象製品（多くの工業製品が対象）が、ＥＵの基準に適合していることを示す「**ＣＥマーク**」を表示することが義務となっています。

ＣＥマークは、分野別のＥＵ指令や規則で定められた製品の安全性、有害物質使用制限、環境性能基準等へ適合していることを、製造業者（もしくは輸入者）が自己宣言するものです。自社で自己宣言を行なうものであって、政府機関、認証機関等から認証を取得するものではありません。

ＥＵ加盟国で販売をする場合は、対象製品が**ＣＥマーキングの対象となっているかどうかを確認**することが必須です。

ＣＥマーキングの対象となる場合は、ＥＵ指令や規則への適合性評価を行なったうえで自己宣言をする必要がありますが、自社内で行なうのが難しい場合には、第三者認証機関に委託することが一般的です。

【工業規格等】

海外の工業規格等には、「ＩＳＯ」（国際標準化機構）や「ＩＥＣ」（国際電気標準会議）などの**国際的な規格**があります。

また、**各国で独自の規格**が定められている場合もあります。

たとえば、欧州では「ＥＮ」（欧州規格）があります。アジアでは、タイの「ＴＩＳ」（タイ工業規格）、中国の「ＧＢ」（国家標準）、韓国の「ＫＳ」（韓国産業規格）などがあります。アメリカでは、「ＵＬ」（電気規格）、「ＡＮＳＩ」（米国規格協会）、「ＯＳＨＡ」（労働安全衛生規則）などがあります。

日本では、「ＪＩＳ規格」（日本産業規格）がありますが、これは任意の規格であり、認証や表示は義務づけられていません。

しかし国によっては、製品によって工業規格の認証取得が義務づけられている場合があります。

たとえば、タイのＴＩＳの場合には、認証の取得が義務づけられた製品群があり、認証取得は任意でもよい製品群もあります。

ただし、ＴＩＳに限りませんが、任意取得の場合でも消費者のニーズ等から販売店等が認証取得を求めてくる場合もあります。

著者の経験からその一例をあげると、バイク用ヘルメットのタイ国内販売では、ＴＩＳ取得は義務づけられていません。しかし、高い安全性を求められていることから、消費者側のニーズとしてＴＩＳの取得を求めており、販売店側からＴＩＳ取得を求めてきました。

輸出取引にあたって市場調査を行なう際には、工業規格の認証取得が義務化されているかどうかを調査するのは必須ですが、義務化されていなくても実質的に取得が求められている場合もあるので、法的および実質的に取得が求められているかどうかを調査する必要があります。

1-8 「ＨＳコード」「関税」「ＦＴＡ／ＥＰＡ」の基礎知識

「ＨＳコード」とは何か

「ＨＳコード」とは、「商品の名称及び分類についての統一システム（Harmonized Commodity Description and Coding System）に関する国際条約（ＨＳ条約）」に定められた製品を分類するコード番号のことです。「輸出入統計品目番号」「関税番号」「税番」などとも呼ばれています。

ＨＳコードは、あらゆる貿易対象品目を21の「部」に大分類し、それを６桁の数字で表わしています。上２桁が「類」、類を含む上４桁が「項」、項を含む６桁が「号」と呼ばれます。

６桁目より後の番号については、各国が国内法にもとづいて統計細分等の番号を設定することができます。

◎輸出統計品目表（シートベルトのＨＳコードの例）◎

統計番号 Statistical code		品名 Description	単位 Unit		他法令 Law
番号 H.S. code			I	II	
87.08		部分品及び附属品（第87.01項から第87.05項までの自動車のものに限る。）			
8708.10	000	− バンパー及びその部分品		KG	ET
		− 車体（運転室を含む。）のその他の部分品及び附属品			
8708.21	000	−− シートベルト		KG	
8708.22	000	−− この類の号注1のフロントガラス（風防）、後部の窓及びその他の窓		KG	
8708.29	000	−− その他のもの		KG	
8708.30	000	− ブレーキ及びサーボブレーキ並びにこれらの部分品		KG	ET
8708.40	000	− ギヤボックス及びその部分品		KG	

（出所：税関ホームページより）

日本では、第７～９桁目を輸出入統計細分、10桁目をＮＡＣＣＳ（輸出入・港湾関連情報処理センター株式会社が運営する、税関その他の関係行政機関に対する手続および関連する民間業務をオンラインで処理するシステム）用として使用しています。

たとえば、自動車のシートベルトのＨＳコードは「870821」です。これは、「部17：車両、航空機、船舶及び輸送機器関連品」「類08：鉄道用及び軌道用以外の車両並びにその部分品及び附属品」「項8708：部分品及び附属品」「号870821：シートベルト」を意味します。

ＨＳコードは、税関ホームページ（https://www.customs.go.jp/）に載っている「輸出統計品目表」から調べることができます。前ページの図は、シートベルトのＨＳコードに関する箇所を上記ホームページから抽出したものです。

販売しようとする製品のＨＳコードを把握しておくことは必須です。なぜなら、以下で解説する各国の関税やＦＴＡ／ＥＰＡによる特恵関税制度は、ＨＳコードごとに設定されているからです。

「関税」とは何か

「**関税**」とは、一般に「輸入品に課される税」として定義されています。関税は各国ごとに、国内産業の保護、税収入の確保などの目的で設定されています。

関税率は、品目（ＨＳコード）ごとに定められており、ＷＴＯ加盟国間では「最恵国関税率」という最も低い関税率が適用されます。しかし、ＦＴＡ／ＥＰＡなどの協定によって、協定締結国ではさらに関税率を引き下げることができます。

対象国の関税については、以下のサイトで調べることが可能です。

- **Fedex World Tariff**（登録が必要）
  「https://ftn.fedex.com/wtonline/jsp/wtoMainUL.jsp」
- **日本関税協会のＷｅｂタリフ**
  「https://www.kanzei.or.jp/statistical/tariff/top/index/j」

「ＦＴＡ／ＥＰＡ」とは何か

「**ＦＴＡ**」(Free Trade Agreement) とは「**自由貿易協定**」のことで、外務省の定義では「特定の国や地域の間で、物品の関税やサービス貿易の障壁等を削減・撤廃することを目的とする協定」とされています。

一方、「**ＥＰＡ**」(Economic Partnership Agreement) とは「**経済連携協定**」のことで、外務省の定義では「貿易の自由化に加え、投資、人の移動、知的財産の保護や競争政策におけるルール作り、様々な分野での協力の要素等を含む、幅広い経済関係の強化を目的とする協定」とされています。

ＦＴＡは、締結国間で物品の関税やサービスの貿易を自由化することを目的としていますが、ＥＰＡはそれに加え、投資、人の移動の自由、知的財産の保護なども目的としており、ＥＰＡはＦＴＡより幅広い分野での自由化をめざすものであるといえます。

ＦＴＡにしろＥＰＡにしろ、関税率をＷＴＯ最恵国関税率よりさらに低くする、または無税化する、ということが協定に含まれています。

販売対象国が日本とＦＴＡ・ＥＰＡを締結していれば、対象国側の輸入関税を抑えられることも多いです。

したがって、「対象国が日本とＦＴＡ／ＥＰＡを締結しているか」、「販売しようとする製品はＦＴＡ／ＥＰＡによる特恵関税制度の対象となっているか」(通常、ＦＴＡ／ＥＰＡ特恵関税制度が適用されるかどうかは品目ごと (ＨＳコードごと) に定められています)、「ＦＴＡ／ＥＰＡ特恵関税制度が適用された場合の関税率」を確認しておくことが重要です。

これらについては、相手国側の「譲許表 (関税率表)」で調べることができます。譲許表は税関のホームページに載っています。

「https://www.customs.go.jp/kyotsu/kokusai/aitekoku.htm」

なお、ＦＴＡ／ＥＰＡ特恵関税制度を適用するためには条件があります。それは、「**日本が原産地とされる製品であり、原産地証明を輸入通関時に提出すること**」です。原産地証明は自社の管轄の商工会議所で取得することができます。

「原材料で輸入品を使っているのですが、原産地証明を取得できるでしょうか？」という質問をよく受けます。国内で製造される工業製品で100％日本製の原材料を使っていることはまずなく、輸入原材料を使っているからといって原産地証明が取得できないということはありません。

日本製かどうかの判断基準は、「**実質的な変更を加える加工が日本国内で行なわれたどうか**」ということになります。これは、ＨＳコードの変更（原材料→製品）などで判断されることになりますが、個別の判断となるので商工会議所で確認してください。

また、「国内で在庫している海外製の製品は特恵関税制度の適用対象となるでしょうか？」という質問もよく受けます。これに関しては、海外製の製品であり、原産地証明取得はできず、特恵関税制度の適用対象とはなりません。

◎日本のＥＰＡ／ＦＴＡ等の現状◎　（2021年１月現在）

発効済・署名済（21か国）	交渉中（３か国）	その他（交渉中断中）
シンガポール、メキシコ、マレーシア、チリ、タイ、インドネシア、ブルネイ、ＡＳＥＡＮ全体、フィリピン、スイス、ベトナム、インド、ペルー、オーストラリア、モンゴル、ＴＰＰ12（署名済）、ＴＰＰ11、日ＥＵ・ＥＰＡ、米国、英国、ＲＣＥＰ	トルコ、コロンビア、日中韓、ＧＣＣ（注：2024年に交渉再開予定）	韓国、カナダ

（出所：外務省ホームページより）

発効済・署名済のＥＰＡ／ＦＴＡは、重複している場合があります。

たとえばインドネシアの場合、日本はインドネシアとＥＰＡ（日本・インドネシア経済連携協定）を締結しています。一方、インドネシアはＡＳＥＡＮ加盟国なので、日本とＡＳＥＡＮのＥＰＡ（日本・ＡＳＥＡＮ経済連携協定）もあります。

この場合、どちらでも使えます。どちらを使うほうがよいかは、それぞれの条件（関税率等）を調べて有利なほうを使えばよいということです。

1-9 ＥＣ販売＝越境ＥＣのメリット・デメリット

大企業よりも中小企業の利用割合が高い

ＥＣとは電子商取引のことですが、海外向けＥＣ販売は「**越境ＥＣ**」とも呼ばれます。国境を超えて行なわれるＥＣサイトの取引のことを意味します。

以前は海外のＥＣサイトに出展し、製品在庫を現地に置いて注文があれば、そこから発送するという形態がほとんどでした。

しかし最近では、海外のＥＣサイト運営会社（主に東南アジア系）でも、日本国内に物流拠点を配し、そこに製品を搬入して、代金決済も日本円で国内決済できるというサービスも増えてきました。

越境ＥＣのメリットとしては、以下のことがあげられます。

- 海外の販売対象国で実店舗を置かないことで、低コストで運用できる
- ネットを介して商圏が広がり、新規顧客が増えて、売上が伸びる可能性がある
- ネットを介して不特定多数が製品を閲覧するので、想定外の顧客の獲得につながることもある
- 日本語での対応、日本円での決済、日本国内での納品ができるサービスを導入したプラットフォームも増えてきている

一方、越境ＥＣのデメリットとしては、以下のことがあげられます。

- 販売対象国の言語で製品紹介をする必要がある
- 物流・配送の問題や関税、国際輸送に関する知識も必要であ

る（国内納品対応ができないプラットフォームの場合）
●ターゲットとする国の決済方法を導入する必要がある（日本国内代金決済サービスがないプラットフォームの場合）

越境ＥＣのプラットフォームには、Ｂ to Ｃを対象としたものが多いですが、Ｂ to Ｂに特化したプラットフォームもあります（２－15項で解説します）。

近年、国内ＥＣの利用者数の増加に伴い、越境ＥＣによる取引も大きく増えてきています。

ジェトロの「日本企業の海外事業展開に関するアンケート調査2022年度」によれば、国内外での販売においてＥＣを利用したことがあると回答した企業は全体の35.5％を占めています。そのうち、65.6％の企業が、海外向け販売でＥＣを活用／検討していると回答しています。

越境ＥＣは、少額・小ロットの製品でも容易に不特定多数に販売可能であること、初期費用が低く参入障壁が低いこと、などの理由から、大企業よりも中小企業の利用割合が高くなっています。

したがって、越境ＥＣは中小企業に、よりマッチした販売手法ということがいえるでしょう。ちなみに、先のジェトロのアンケート調査によれば、日本国内から海外への販売（越境ＥＣ）の利用状況は、大企業の37.9％に対し、中小企業は46.7％になっています。

1-10 海外バイヤーとのコミュニケーションのとり方

外国語を使ってコミュニケーションをとるのが不可欠

海外バイヤーとのコミュケーションのとり方としては、Eメール、チャット、電話、ウェブ会議などの方法があります。国内ではいまでもファックスが使われる場合もありますが、海外とのコミュニケーションではほとんど使われません。

コミュニケーションの初期段階ではEメールが使われることがほとんどで、その後にチャットや電話、ウェブ会議などの方法も併用されていくことになります。

それらの方法でコミュニケーションをとるときには、外国語（特に英語）でのやり取りが不可欠といえます。

外国語に堪能な人材がいなくても大丈夫

それでは、社内に外国語ができる人材がいないと、海外ビジネスはできないのでしょうか？

ひと昔前であれば、外国語ができる人材が社内にいない場合は、海外ビジネスを行なうことが困難であったことは事実でしょう。

しかし、デジタル技術の発達により、現在ではパソコンやスマートフォン内のアプリを使って、簡単に翻訳、通訳することが可能となっています。

日常的なやり取りであれば、**翻訳・通訳アプリ**を活用することで、海外バイヤーなどとのコミュニケーションに対応可能です。自動翻訳の翻訳精度も上がってきており、複雑な事柄でなければ、翻訳・通訳アプリの活用で問題のないレベルともいえます。

ちなみに、自動翻訳機能としては「Google翻訳」がよく使われており、無料で利用することができます。自動翻訳機能が備わった翻訳アプリを購入すれば、会議などでも活用できます。

ただし、「日本語→外国語」の翻訳では、背景を説明したり、言葉を尽くしたり、表現方法を工夫しないと、こちらの伝えたいことが相手に伝わりません（これは自動翻訳機能に限ったことではありませんが）。

翻訳アプリを使ってみると…

一例をあげてみると、製品紹介のためにEメールで、

「当社製品は中国製同等品に比べて価格は高いとは思いますが、品質が高いのでお買い得です。」

という文を海外バイヤーに送りたいとします。

これをGoogle翻訳を使って英語に自動翻訳すると、

「I think that our products are more expensive than similar products made in China, but the high quality makes it a bargain.」

となります。しかし、この英文では海外バイヤーの購買意欲には響かないでしょう。価格が高いということが強調されているように思われるし、何をもって品質が高いのかがわからないからです。

この場合、まず日本文では、

「当社製品は社内試験の結果、耐久時間は500時間となっており、同様に当社にて社内試験を行なった中国A社製の耐久時間は200時間でした。当社製品の価格はA社製品に比べ20%高いのですが、費用対効果は当社製のほうが大幅に優れています。」

といったように、具体的な品質の高さの根拠の説明に言葉を尽くし、「価格が高い」という表現ではなく「費用対効果」という言葉を併せて使う、などの工夫をする必要があります。

この日本文をGoogle翻訳で翻訳すると、次のようになります。

「As a result of in-house tests, our products have a durability time of 500 hours, and the durability time of a Chinese company A, which we also conducted in-house tests, was 200 hours. Our products are 20% more expensive than Company A's, but our products are much more cost-effective.」

英語が苦手な人には理解しづらいかもしれませんが、このような英文であれば、相手に伝えたいことが的確に伝わります。

日本語の表現を工夫して、具体化させることで、結果として、英語の表現のレベルが高まるわけです。

ちなみに、企業の担当者と海外の相手先とのEメールでのコミュニケーションがうまくいかない場合は、著者がサポートすることがあります（英語によるやり取りです）。

うまくいかない原因のほとんどは、「こちらからの説明が足りない」ということです。「英語の文章表現がおかしくて、言いたいことが伝わらない」ということはまずありません。

このことは、いかに背景を説明したり、言葉を尽くすことが重要であるかということを物語っています（少しくどいくらいに説明することが必要です）。

翻訳アプリの活用効果と注意点

Google翻訳などの翻訳アプリは、「日本語⇔英語」の翻訳機能にとどまるだけではなく、世界中で使われているほとんどの言語に対応しています。英語圏以外の国では、必ずしも相手が英語を理解できるわけではないので、この機能を活用することでコミュニケーションをとることができる範囲が広がります。

翻訳アプリとしては、Google翻訳以外にも、DeepL、Amazon、Microsoftなどがあります。本書では代表的な翻訳アプリであるGoogle翻訳による翻訳例を例示しましたが、著者の感覚としては、現時点では上記アプリのなかでDeepLの翻訳精度がいちばん高いように思われます。より自然な翻訳文のように感じるからです。

ただし、Google翻訳はほぼすべての言語をカバーしている一方、DeepLで翻訳できる言語は30程度にとどまります（2023年８月現在）。どの翻訳アプリを使うかは、自身で実際に試したみたうえで決めることをお勧めします。

オンライン会議アプリ（Zoom、Microsoft teamsなど）には、自動翻訳機能が付与されているものもあります。

たとえばZoomでは、プレミアムプランに限り、自動翻訳機能（翻訳文のテキスト表示）が有効です。

また、DeepLなどを翻訳エンジンとする有料の通訳専用アプリ（Real Time Translator、iTranslateなど）も多数あり、これらをオンライン会議アプリと連動させることで、シームレスの通訳機能が提供されます。

対面の会議では、Google翻訳やDeepLなどの音声入力機能を活用するなどの方法も使えます。

もっとも、翻訳アプリ、通訳アプリはたしかに便利ですが、言語を翻訳する機能だけなので、交渉の背景や海外取引に係る知識を補完してくれるものではありません。

契約条件などの複雑な交渉や、センシティブな事項に関する対面交渉（オンラインを含む）では、現状ではやはり外国語ができる人材や、海外取引の知識がある人材（社内に人材がいなければ通訳、コンサルタント等）のサポートを得るのがよいように思います。その場面に限ってのみ、通訳やコンサルタント等に頼るということでもよいでしょう。

近い将来には、デジタル技術のさらなる進歩により、自動翻訳機能が高度化し、いまなら対面交渉が必要となるような場面でも、人を介する必要性はなくなるかもしれません。

チャットを使ったコミュニケーションが主流に!?

相手からの通信文を自動翻訳で「外国語→日本語」に翻訳した場合、自動翻訳ゆえに文章構成がおかしい、意味がわからない、といったことも多々あると思います。もちろん、翻訳の問題だけではなく、相手側の文章そのものがおかしいこともあるでしょう。

この辺のことを理解するためには、相手が何を言いたいのかという想像力を働かせることも必要です。いままでの相手とのやり取りから想像することになりますが、海外販路開拓や輸出取引に関する知識も必要になるので、その際には本書を一助として活用してください。

最近では、**チャットツール**を使ってコミュニケーションをとることも盛んになってきています。

日本ではLINEが主流ですが、これはタイでも多く使われており、タイ人と日本のLINEアプリでやり取りしても、問題なくコミュニケーションをとることができます。

タイ以外の東南アジアやアメリカではWhatApp、中国ではWechat、ヨーロッパではメッセンジャー、WhatApp等が多く使われています。

海外では、Eメールよりもチャットツールを使ったコミュニケーションのほうが主流になりつつありますので（日本でも若年層はそうですが）、相手によってはチャットツールを使ってコミュニケーションをとることも必要になってきています。

ちなみに海外では、チャットツールはリアルタイムでチェックするけど、Eメールは毎日はチェックしない、という人も多いです。

2章

海外販路開拓は
どのようにして行なうのか

2-1

海外販路開拓の流れはどうなっている？

現状分析から販売開始までの手順を理解しておこう

海外で製品を販売しようとするなら、いきなり営業活動を始めるのではなく、**手順を踏んで進める**のが効率的です。

海外販路開拓を行なう際の一般的な流れを次ページに図で示しました。それぞれの手順については、次項以降で説明していきます。

次ページの流れ図は、海外販路開拓をゼロから始めるための手順です。

たとえば、あなたの会社のホームページなどを見て、海外から突然引き合いがくる、ということもあります。その場合は、いきなり見積りを提出するということになります。

もちろん、市場調査をして価格動向を調べてからでないと価格提示はできないという考え方もありますが、２－８項の価格戦略に従って、販売価格を検討してください。

◎海外販路開拓のおおよその流れ◎

現状分析
- 内部環境・外部環境分析（ＳＷＯＴ等）
- 何を売るか？
- どの国、地域へ売るか？

市場調査
- 現地ニーズ
- 市場規模、市場特性
- 競合品、模倣品情報
- 製品の流通形態・販売ルート
- 法規制等（認証・販売許可・輸入許可・関税）

顧客・販売店開拓
- 顧客候補、販売店候補探索
- 現地顧客・販売店訪問
- 展示会出展
- 見積り提出

契　約
- 契約書作成（ドラフト作成⇒リーガルチェック）
- 契約交渉⇒契約締結

販売開始
- 輸入許可・販売許可取得
- 初ロット輸出（輸出手続き・輸入手続き）
- 代金回収

2-2

販売計画の策定のしかた

あらかじめロードマップをつくっておこう

前項のおおよその流れ図を参考にして、何をしなければならないか、そしてそれをどのようなスケジュールで進めていくのか、つま

◎販売計画推進のロードマップの例◎

実施項目				
			1月	2月
現状分析	SWOT分析			▲
市場調査	市場環境	ジェトロウェブサイト等より収集		
	規制認可	ジェトロウェブサイト等より収集		
	競合・販路。市場ニーズ	ジェトロサービスを活用して調査依頼		
対象国選定	DA実施			
マーケティング戦略	「誰に、何を、どのように」検討			
	価格戦略検討			
	コストダウン検討			
顧客・販売店開拓	顧客候補リスト入手	ジェトロサービスを活用して調査依頼		
	現地出張。商談			
許認可取得	FDA申請・取得	現地業者委託		
プロモーション実施	オンライン展示会出展			
	製品紹介動画制作			
	現地語ホームページ制作			
契約	販売店契約書ドラフト作成			
	販売店契約交渉			
	販売店契約締結			

り、「何を」「いつまでに」といった大まかな計画を立てましょう。

下図のような**ロードマップ**にまとめておくと、管理がしやすくなります。

計画が予定どおり進捗しているかを定期的に確認し、遅れがあれば、その原因の追究、対策、計画変更を行ないましょう。

「何をしなければならないか」は次項以降で解説しますが、まずはわかっている範囲で作成してもよいし、次項以降を読み終わってから作成しても、どちらでもかまいません。

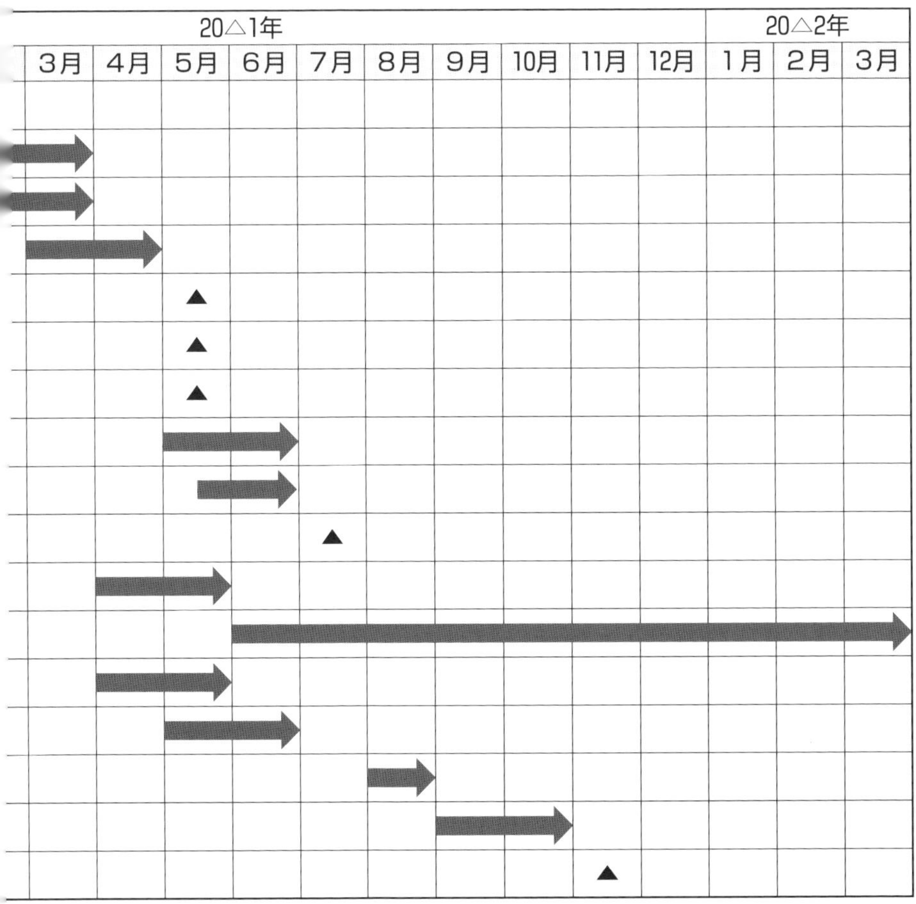

2-3

現状分析のしかた

「ＳＷＯＴ分析」を活用して分析する

海外販路開拓のためには、販売しようとする製品のもっている特徴、および自社の経営資源について分析することが必要です。

製品の特徴のみならず自社の経営資源について分析するのは、中小企業が海外での販売に臨むのであれば、自社の経営資源を総動員する必要があるからです。

現状分析するためには、社内の経営リソースを分析し、何が強みで何が弱みであるかを把握する必要があります（これを「**内部環境分析**」と呼びます）。

同時に、自社を取り巻く環境（販売しようとする製品カテゴリーの市場状況、グローバルおよび販売対象国の経済・社会情勢、現地ユーザーの志向、競合製品の市場での展開状況等）について分析することも必要です（これを「**外部環境分析**」と呼びます）。

そして、現状分析は「**ＳＷＯＴ分析**」を使って行なうのが一般的です。ＳＷＯＴ分析は、「内部環境」（強み：Strength、弱み：Weakness）と「外部環境」（機会：Opportunity、脅威：Threat）の分析をするためのフレームワークです。

ＳＷＯＴ分析をベースにして戦略を検討する方法としては、ＳＷＯＴ分析の要素を掛け合わせる「**クロスＳＷＯＴ分析**」が有効です。クロスＳＷＯＴ分析で検討できる戦略例としては、以下のものがあります。

「強み×機会」：積極的攻勢（強みを活かして機会を捉える戦略）
「強み×脅威」：段階的改善（強みを活かして脅威を最小化・克服する戦略）

「弱み×機会」：差別化（機会損失を防ぐため弱みを克服していく戦略）
「弱み×脅威」：防衛・撤退（専守防衛/撤退の戦略）

次項で市場調査のしかたについて説明しますが、その市場調査の後にＳＷＯＴ分析を行なってもかまいませんし、この段階でまずはＳＷＯＴ分析を行ない、市場分析後に追加・修正するということでもかまいません。

なお、「強み×機会」（積極的攻勢）、「強み×脅威」（段階的改善）、「弱み×機会」（差別化）、「弱み×脅威」（防衛・撤退）のすべての戦略を考えなくてもかまいませんが、**「強み×機会」（積極的攻勢）は基本戦略**となるので、これは必ず考えておくべきです。

また、「弱み×脅威」は、**事業の撤退の基準を考えておく**ことになるので、なるべく考えておくべきです。

事業である限り100％成功するというわけにはいきません。撤退の基準を定めておくことは、事業リスクの最小化につながります。

54、55ページに「ＳＷＯＴ分析」と「クロスＳＷＯＴ分析」の例をあげておきましたので、参考にしてください。

◎「ＳＷＯＴ分析」の例◎

	外部環境（機会）
顧客・市場	●国内取引先（大手ゼネコン）が多くの国へ海外展開している（政府のODース） ●東南アジア諸国での建築需要の伸び ●東南アジア諸国においても、安全、環境への意識が高まってきており、政厳しくなってきている ●昨今のコロナ感染の拡散状況は、当社製品の需要につながる
業界・競合	●カンボジア等において新建設法が施行されるなど、建築業界の意識が変わ（同法は日本の法規に準拠しているので、日本の機材を導入しやすい） ●カンボジア、ベトナムでの停電頻発による、バッテリーレンタルの機会あり
調達・コスト	●国内同業者で海外展開をしているところは少なく、国内でリースに使えなような同業者より低コストで調達しやすい・国内の基準は年々厳しくなっ海外（特に新興国）では基準内の機材も多い→同業者はその処理に困って
	内部環境（自社の強み）
ヒト	●顧客のニーズを取り込み、商品化する企画開発力を有する ●大手ゼネコンとの取引実績があり、営業マン（20人）もそれら顧客と関係性 ●工事現場の労働安全に関する知見を数多く有している ●海外ビジネス経験が深い顧問（外部人材）を有している
モノ	●顧客のニーズ（安全性・環境への配慮、作業性）を取り込んだ他社にないル製品群を保有（特許あり） ●自社製品以外にも豊富なレンタル機材を保有しており、幅広い顧客要望に
カネ	●顧客へリース販売の提案をする予定であるが、顧客は初期投資額が少なく、がしやすい ●リース販売の場合、リース寿命は長い（10年～20年）。一方、減価償却は5にわたって収益が確保できる
情報	●国内取引先（大手ゼネコン）との海外展開先からの情報をタイムリーに得 ●リース販売を得意としており、リースビジネスのノウハウに精通している

◎「クロスＳＷＯＴ分析」の例◎

	強み（Strength）	弱み（Weakness）
機会（Opportunity）	**積極的攻勢** 各国での安全、環境への意識の高まりは新たなニーズとなっており、製品の特徴である安全性・環境への配慮を訴求する	**差別化** 東南アジア諸国での建築需要の伸びは捉えるべき好機であり、各国での商標登録、インフルエンサーの活用によりブランド力・認知度を高めていく
脅威（Threat）	**段階的改善** 価格競争を避けるため、リース販売のメリット（初期投資の低さ）をアピールして購買意思決定をしやすくする	**防衛・撤退** 製品特許がないために模倣のリスクが常にあるので、模倣リスクがあると見なされる国・顧客への販売は行なわない

	外部環境（脅威）
A案件・民間べ 府の規制も年々	●東南アジア諸国ではコスト優先である ●東京五輪関連建築需要は一巡し、市場は不透明であり、数年後には建築関連リースも市場内での競争の激化が予想される ●人手不足によるゼネコン等の受注の絞り込み
ってきている	●海外市場における当社オリジナル製品が模倣されるリスク
い機材をその てきているが、 いる	●為替変動リスク ●海外からの代金回収リスク
	内部環境（自社の弱み）
が深い	●海外ビジネスに精通した人材、語学に精通した人材が不足している
当社オリジナ 応えられる	●同等品はないが、従来工法で製作した場合、人件費の安い国では、従来工法に比べ製品価格は高いと捉えられやすい ●製品のアイテム数が少ないので、海外での競争力が懸念される ●製品のブランドが国内、海外ともに商標登録されていない ●製品特許は国内のみであり、海外では特許申請がされていない
購買意思決定 年であり、長期	●収益性の財務指標（売上高経常利益率等）が業界平均に比べて低い
られる	●海外での適正価格等の市場情報が不足している ●各国の法規制についての情報を把握できていない

2-4 対象国の選定のしかた

市場分析と並行して選定を行なう

基本的な流れとしては、現状分析が終わったら、販売したい対象製品をどの国で販売するかという「**販売対象国**」を選定します。

ただし、越境ＥＣによる販売など、特に対象国を定めずに、引き合い・発注をもらった先に個々に対応していくという戦略もあり得ます。

また、特定の対象国ではなく、**対象の地域**を選定するということもあります（ＥＵ、北米、東南アジアなど）が、ここでは、特定の対象国の選定について解説します。

なお、すでに対象国が決まっているのであれば、このステップは必要ありません。思い入れがある国でどうしても販売したい、日本国内の顧客・パートナーとの兼ね合いで特定の対象国に販売せざるを得ない、等の理由で、対象国が最初から決まっているということも当然あり得ます。

対象国の選定は対象国・市場の情報を集めながら、次項で説明する「市場分析」と同時に行なっていくイメージです。まずは、対象国の選定に必要な情報を集めて対象国を選定した後に、その対象国の市場調査を深掘りしていくのが効率的です。

「ＤＡ」手法の活用

いくつもの選択肢のなかから最適なものを選ぶ手法としては、「ＤＡ」（Decision Analysis）というものがあります。

これは、アメリカのコンサルティング会社であるケプナー・トリゴー（Kepner-Tregoe）社が、考案した経営意思決定方法のひとつのツールです。

◎「DA」シートの活用例◎

DAシート

目標	案								
MUST	A国			B国			C国		
	調査結果	GO/NO GO		調査結果	GO/NO GO		調査結果	GO/NO GO	
輸入規制がないこと									
●●●●									
□□□□									

WANT	ウェイト	調査結果	点数	ウェイト×点数	調査結果	点数	ウェイト×点数	調査結果	点数	ウェイト×点数
一人当りGDP	25									
製品に対する安全認証要求	20									
○○○○	15									
◆◆◆◆	15									
△△△△	15									
××××	10									
合計	100			0			0			0

ウェイトは定めず○△×で簡易的に評価してもOK

ウェイトの合計は100になるように各項目のウェイトづけをする

MUST項目で「NO GO」があれば、WANT項目の調査・評価は行なわない

一番評価点数が高い案を採用（上位から複数案を採用してもよい）

上図のように、横軸に案（この場合は対象国）、縦軸に評価項目（調査項目）を定めて評価し、評価点数が一番高い案を採用します（対象国とします）。縦軸の評価項目は、次項で解説する調査項目を参考に設定しますが、すべての項目をここで設定する必要はありません。対象国を選定するのに必要な項目だけでいいです。その他の調査項目は、対象国を定めてから追加で調査すればよいのです。

このＤＡ表（シート）は、何かを選択するときに誰でも頭のなかで行なっている過程を見える化したものです。このＤＡ表を必ず作成しなければならないわけではありませんが、このような思考過程で対象国を選定すればよいということです。

ただしこの表があれば、第三者（同僚、上司、役員、外部関連者等）に、なぜその国を対象国としたのかを論理的、効率的に説明できます。第三者に、選定した理由を説明する必要がある場合には、ＤＡ表を作成することをお勧めします。複数の販売店候補のなかから一番望ましい１社を選択するときにもＤＡは活用できます。

58、59ページに、実際にＤＡを行なった例を示しましたが、この例では、ウェイトを設定せずに○△×で簡易的に評価しています。

◎DAシートの活用例◎

評価項目	ウェイト	参考	EU・北米各国の状況・評価							
		日本	イタリア		スペイン		フランス		ドイツ	
人口	10	1億2,507万人	5,926万人	○	4,739万人	○	6,742万2,000人	○	8,319万人	○
一人当りGDP（2020年）	10	40,146ドル	31,288ドル	○	27,132ドル	○	45,733ドル	○	39,907ドル	○
建築市場規模（2015年）	15	2,576億ドル	777億ドル	○	605億ドル	○	1.177億ドル	○	1.384億ドル	○
日系現地進出ゼネコン数（海外建設協会会員）	5		2社（JFEエンジニアリング、竹中工務店）	×	1社（竹中工務店）	×	2社（鹿島建設、竹中工務店）	×	3社（JFEエンジニアリング、竹中工務店、TSUCHIYA）	×
労働安全衛生法制度整備状況	8	規制あり	規制あり	○	規制あり	○	規制あり	○	規制あり（特に厳しい）	○
建築現場における粉塵等の環境規制	7	規制あり	規制あり	○	規制あり	○	規制あり	○	規制あり（特に厳しい）	○
製品に対する安全認証要求	10	特になし	CEマーキング適用外	○	CEマーキング適用外	○	CEマーキング適用外	○	CEマーキング適用外だが、TUV等別の認証を求める傾向あり	△
顧客がコスト以外の要素（性能・機能）を評価してくれるか？	10	評価してくれる	評価してくれる	○	評価してくれる	○	評価してくれる	○	評価してくれる	○
現地支援者	25		○○商工会議所で市場アプローチ可能	○	○○商工会議所	◎	A社、○○商工会議所で市場アプローチ可能	○	あり（○○氏）	○
コロナ感染状況（＊）	15	ワクチン接種率が高い(76.5%)、1日当り感染者数：118人	ワクチン接種率が高い（73.7%）、1日当り感染者数：13,756人	△	ワクチン接種率が高い（79.4%）、1日当り感染者数：5,541人	○	ワクチン接種率はあまり高くない（69.5%）、1日当り感染者数：33,320人	×	ワクチン接種率が低い（67.9%）、1日当り感染者数：76,414人	×
総合評価	100		VIRTUAL EXPO経由での引き合いもあり、市場としてそれなりに有望であると思われる。	○	コロナの感染状況、現地支援者を考えると現時点では最優先したい。	◎	オンライン展示会経由での引き合いもあり、市場としてそれなりに有望であると思われる。	△	EUの中でも製品の安全性に対する認証要求が高い⇒今後認証についての詳細調査が必要	△

（＊）ワクチン接種率は2021年11月25日現在。1日当り感染者数は2021年11月26日現在。

		東南アジア各国の状況・評価											
カナダ		カンボジア		ベトナム		タイ		インドネシア		シンガポール		マレーシア	
3,813万1,104人	○	1,530万人	△	9,758万人	○	6,659万人	○	2億7,020万人	◎	569万人	△	3,275万人	○
43,278ドル	○	1,655ドル	×	3,499ドル	△	7,190ドル	△	3,921ドル	△	58,902ドル	◎	10,270ドル	△
1.147億ドル	○	N/A	—	105億ドル	○	111億ドル	○	891億ドル	◎	142億ドル	○	139億ドル	○
2社（安藤・間、大林組）	×	14社	△	34社	○	26社	○	29社	○	23社	○	17社	△
規制あり	○	法体系は整備途上	×	法体系は整備されているが実施状況とのギャップが大きい	△	法体系は整備されており、それに基づき実施されている	○	法体系は整備されているが実施状況とのギャップが大きい	△	先進国と同等	◎	法体系は整備されており、それに基づき実施されている	○
規制あり	○	法体系は整備途上	×	法体系は整備されているが実施状況とのギャップが大きい	△	法体系は整備されており、それに基づき実施されている	○	法体系は整備されているが実施状況とのギャップが大きい	△	先進国と同等	◎	法体系は整備されており、それに基づき実施されている	○
特になし	○	特になし	○	特になし	○	特になし	○	特になし	○	特になし	○	特になし	○
評価してくれる	○	価格最優先	△	価格最優先	△	価格は優先だが性能・機能も重要視される	○	価格最優先	△	独創的・先進的な製品に対しては価格は問題にならない	◎	価格は優先だが性能・機能も重要視される	○
□□社	○		×		×	●●公社	○		×	××社	○	シンガポールからのアクセスが容易	△
ワクチン接種率が高い(76.1%)、1日当り感染者数：2,627人	○	ワクチン接種率が高い(79.3%)、1日当り感染者数：32人	○	ワクチン接種率が低い(46.4%)、1日当り感染者数：12,450人	×	ワクチン接種率が低い(56.2%)、1日当り感染者数：6,559人	△	ワクチン接種率が低い(33.3%)、1日当り感染者数：453人	○	ワクチン接種率が高い(88.2%)、1日当り感染者数：1,275人	○	ワクチン接種率が高い(77.4%)、1日当り感染者数：6,144人	○
CEマーキング等の製品に対する認証は求められない。米国より安全、環境に対する意識は高く、市場としては有望であると思われる。	○	市場として成熟には時間が必要	×	官庁向けは可能性があるが、民間市場はもう少し時間が必要	△	価格重視の市場である。戸田建設、セントラルのルートでアプローチ中。	○	官庁向けは可能性があるが、民間市場はもう少し時間が必要	△	価格重視の市場であるが、他製品と絡めて商機がある。	○	価格重視の市場ではある。シンガポールとセットの販売促進は可能。	○

2-5

市場調査のしかた①
何を調査するのか

市場調査は海外販路開拓では重要な活動

「**市場調査**」は、海外市場で製品やサービスの展開を計画する際に、非常に重要な活動です。

市場調査で対象国の市場を調査し、販売しようとする製品がその市場に参入できる余地があるかを確認します。

市場調査は、現地の法規制、商習慣、消費者のニーズを事前に把握して、市場への参入の可能性を高めることを目的としています。

市場調査なしに販売しようとする製品の営業活動を始めても、後から、そもそも対象国には需要がない、対象国には規制があり販売不可、などが判明したために撤退すれば、それまでかけたコストと労力がムダとなります。

販売不可でなくても、販売可能性が低いのであれば、より販売可能性が高い国で販路開拓をしていくほうが効率的です。

市場調査で行なうべき項目

市場調査で、調査すべき項目としては以下のことがあげられます。

【現地市場の規模・特徴、最新トレンド、売れ筋商品】

参入しようとする現地市場の規模はどれくらいなのか、そもそも参入しようとする市場に販売しようとする製品の需要はあるのか、どのような特徴があるのか、人口統計学的属性（所得水準（１人当たりＧＤＰ）、年齢別・所得別・職業別人口構成等）、地理的属性（人口密度、気候、国土・都市化の状況など）、消費者の心理的属性（価値観、信念、趣味趣向、どのような購買動機をもつか、類似製品の使用頻度など）、市場の最新のトレンド（どのような商品が売れているか、顧客・消費者の志向・ニーズ)、などについて調査します。

【競合製品（類似品）の有無とその情報】

参入しようとする現地市場において、競合製品（類似品）が存在するのか、存在するのであればどのようものがあるのか、その流通価格、市場におけるマーケットシェア、などについて調査します。

類似品についてだけでなく、代替品についても同様の調査ができれば、なおよいです。同等品、類似品が見当たらず、代替品もない場合は、ブルーオーシャン（競争相手がいない状態）となり得ます。

＜類似品と代替品の違い＞

「類似品」は、外見や形状が似ているが、機能や性能が異なるものです。一方「代替品」は、自分が求めるものの機能や性能がほぼ同じものです。

代替品は、製品とは限らず、同様の機能を提供するサービスの場合もあります。たとえば、車のボディに塗布して傷を防止する車用コーティング剤を販売しようとする場合、類似品は車のボディに貼るカーラッピングフィルムとなり、代替品（サービス）は、車の塗装サービス、ということになります。

【製品の流通形態・販売ルート】

販売しようとする製品の同等品がどのような販路で流通しているのか、どのような流通形態があるのか、について調査します。

想定される販路は、1－3項で解説した「商流」が一般的ですが、対象国によっては独特の販路がある場合がありますので、販路・商流を確認します。

近年では、ＥＣ販売が飛躍的に増えており、特にB to Cの製品の場合は、ＥＣ販売による状況を確認する必要があります。

また、ＥＣ販売の普及に伴い、東南アジアなどでは、流通網の整備が著しくなっており、全国規模のオーバーナイト配送網が整備されてきています。

【製品の輸出・対象国での販売に際し障壁となる事項】

販売対象国において、販売に際して障壁となる事項は何かについて調査します。

対象製品の販売に係る製品認証の有無については、１－７項で解説したように、対象国における対象製品の認証取得義務（義務となっていなくても取得の要求度が強いかどうか）、取得の難易度、取得方法について調査します。

また、１－８項で解説したように、対象製品のＨＳコードから対象国の関税賦課の有無と関税率、対象国が日本とのＦＴＡ／ＥＰＡ締結国であるか、締結国であれば譲許表から対象製品の関税率、について調査する必要もあります。

【その他】（以下のような観点からの調査も必要）

関税以前の問題として、対象国（主に新興国・開発途上国）の政府が国内産業保護等のために対象製品が輸入・販売禁止としている場合がまれにあります（農業製品、付加価値の低い工業製品など）。

また、知財権保護が行き届いておらず、模倣品がすぐに出回る国、地域もあります。

東南アジア諸国等では、ローカル企業（競合企業等）は、必ずしも厳格に販売に係る規制を守らない場合があるのも実情です。一方、日本企業が同様のことを行なうと、外国企業であるが故に、当局から摘発されるリスクがあります。日本企業は、その土俵では勝負できないので、コンプライアンス重視とせざるを得ません。

事前の市場調査を行なうことで、海外販路開拓を進めることは効率的となります。ただし、いくら市場調査内容を深掘りしていっても、販売の成約につながるわけではありません。海外販路開拓の最終目的は、成約に至り、自社の利益を得ることです。

実際に、市場調査に時間と費用をかけたものの、なかなか次のス

◎海外市場調査項目の例◎

	対象国を選定する際に調査したい項目	対象国を選定した後、追加で調査したい項目
調査項目	人口	日本から輸出した場合の販売可能性、現地ニーズの有無
	一人当りＧＤＰ	現地市場の規模・特徴、最新トレンド、売れ筋商品
	人口構成	競合製品（代替品、類似品）の有無とその情報（ブランド名、価格帯、品質、販売場所など）
	市場の規模	消費者の嗜好
	日本とのＦＴＡ／ＥＰＡの有無	（競合）製品の流通チャネル・販売ルート
	対象製品の関税率	市場に適したマーケティング手法
	製品の販売に際し、障壁となる事項（規制・認証等）	製品の出展に適した展示会の情報
	知的財産権の保護状況	売り込み先として適切な業態
	機会となること（対象製品が提供できる解決策とマッチする法規制、市場ニーズ等）	販売店・小売店等の平均マージン率
	経済的・政治的リスク	販売店候補企業・ユーザー企業のリストアップ

テップに進まずに、結局は次のステップに進まないまま事業推進を止めてしまう、というケースもあります。

市場調査では、上記で解説してきた項目にもとづいて、事前に調査範囲を定めて、あまり時間と費用をかけないことも重要です。

現地の販売店、顧客等と商談してみて初めてわかるようなことも多々あります。**市場調査は、目的ではなく手段であること**を念頭において進めましょう。

２－４項で、「対象国を選定するのに必要な項目だけを調査し、その他の調査項目は対象国を定めてから追加で調査すればよい」と説明しました。上表にそれぞれの調査項目の例を示しました。ただし、これは一例なので必要に応じてフレキシブルに設定してください。

2-6

市場調査のしかた②
市場調査の方法

海外市場調査の方法には、大きく分けて、①自社での調査、②公的機関への調査委託、③民間コンサルタント会社への調査委託、の3つの方法があります。それぞれについて見ていきましょう。

①自社での調査

【公表資料から調査】

インターネットなどを活用して、日本政府機関（ジェトロなど）・現地政府機関・現地商工会議所・民間コンサルタント会社の公表資料から、調査したい項目を探し出します。

それらの機関が公開している統計データやレポート（市場レポート、経済成長率、人口統計、輸入・輸出統計等）などは非常に有用です。

なお、ジェトロが公表している市場調査データは、広範囲で多岐にわたり、対象国、対象製品の市場に関するデータがすでに存在しているため、求めているデータの大半をジェトロの公表資料から得られるケースもあります。

ただし、これらの調査データは過去からの積上げなので、古いデータとなっている可能性もあるので、いつのデータなのかを確認したうえで利用してください。

後述するジェトロのプラットフォーム事業、ミニ調査は、ここで得られないオーダーメイドの資料を得るためのものと理解してください。

【現地調査】

自社で実際に現地に赴き、販売候補先、政府機関、業界団体、現地商工会議所等を訪問し、ヒアリングを行ないます。ただし、販売対象国を決める前の時点で、いきなり現地調査を行なうことはあまりなく、対象国を選定してから現地調査となることが多いでしょう。

もちろん、販売対象国を決める前に現地訪問をしてもかまいませんが、対象国を決める前に多くの国を訪問するのは効率的ではありません（対象国の選定については2－4項参照）。

現地調査の際に、自社製品の競合品を扱う小売店・ディストリビューターを訪問するのは、販売店・ユーザーの生の声が聞けるので非常に効果的です。ただし、対象国の小売店等への訪問は、この時点ではなく、顧客・販売店候補を定めた後で訪問し、オンライン商談の際の追加調査ということでいいでしょう。

②公的機関への調査委託

ジェトロのサービス（プラットフォーム事業、ミニ調査等）、東京都中小企業振興公社の海外販路開拓支援（東京都に事業所がある中小企業が対象、調査対象国は一部アジア諸国に限られる）などを活用して、無料で海外市場調査を行なうことが可能です（ジェトロのミニ調査は有料）

また、一部の海外の商工会議所では、市場調査のサービスを行なっているところもあります。たとえば、スペインバルセロナ商工会議所（https://www.cambrabcn.org/）や、インドネシア商工会議所（https://bsd-kadin.id/）では、マッチングも含めたサービスを提供しています。

＜ジェトロのサービス（プラットフォーム事業、ミニ調査）＞

ジェトロでは、中小企業を対象に「中小企業海外展開現地支援プラットフォーム」というサービスを行なっています。これは、ジェトロの海外事務所のうちプラットフォーム設置国における、市場調査・企業リストアップ・商談アポイントメント取得のサービス（ジェトロ有料会員のみへのサービス）を行なうものです（商談アポイントメント取得以外は無料のサービス）。

プラットフォーム設置国以外では、ジェトロの海外事務所がある国に限られますが、有料の「海外ミニ調査サービス」があり、企業リストアップや店頭小売価格調査、現地法令等調査、統計資料検索が可能です。ただし一般的に、民間のコンサルタント会社に比べると調査等に時間がかかります。

③民間コンサルタント会社への調査委託

民間コンサルタント会社の活用では、日本のコンサルタント会社に調査依頼する場合と、現地のコンサルタント会社に依頼する場合があります。

【日本のコンサルタント会社に調査依頼する場合】

実際に、自社の出先機関が海外にある場合は少なく、委託したコンサルタント会社が現地パートナーと連携して調査を行なうことが多いといえます。

コンサルタント会社の担当者は日本人であり、日本語でのやりとりが可能で、文化的摩擦も起きない、調査の品質はそれなりに高い(コンサルタント会社にもよりますが)、などのメリットがあります。

しかし一方で、コストが高くなる、現地のパートナーとの連携に時間がかかるなどのデメリットもあります。

【現地のコンサルタント会社に調査依頼する場合】

英語や現地語でやりとりをする場合もありますが、たいていの国には日本人コンサルタントが経営するコンサルタント会社や、日本人コンサルタントを抱える現地資本のコンサルタント会社があり、その場合は日本語でのやりとりが可能です。

現地在住のコンサルタントによる調査なので、現地の市場や消費者の動向を正確に把握できる、直接のやりとりになるので時間がかからない、などのメリットがあります。

直接依頼するので、日本のコンサルタント会社に依頼するよりはコストは安いですが、国によって（特に欧米諸国）はコストが高くなる傾向があります。日本のコスト感覚からすると高いと感じることが多いです。

その他のデメリットとしては、信頼性や品質が保証されないということがあります。調査の質が低いというよりは、日本との文化的感覚の違いによって、意図していることと違う調査内容になると感じることが多いといえます。

なお、日本のコンサルタント会社にしろ、海外のコンサルタント会社にしろ、特定の業界に精通したコンサルタントを多く抱えているわけではありません。多くの場合、対象製品やその業界についての知識がないコンサルタントによる調査となってしまうことはデメリットといえます。

自社での調査では当然、対象製品・業界知識に精通しているわけですから、「本当に知りたい情報」をより的確に調査できるというメリットがあります。

調査依頼をする際（特に現地のコンサルタント会社に依頼する場合）には、長期契約は避けるべきです。調査の結果が期待どおりになる保証はないからです。まずは、お試しで簡単な調査を依頼して、その結果を評価してから本格的な調査依頼をすることが望ましいといえます。

また、前項で「市場調査は目的ではなく手段である」と述べました。

しかし一般的には、コンサルタント会社にとっては、市場調査そのものが収益源であり、「市場調査で売上を上げる」ということも目的のひとつになっています。

コンサルタント会社は、市場調査を厚くやりたがることも多いですが、事前に調査範囲を定めて、その範囲の調査依頼にとどめることも必要です。

2-7 マーケティング戦略の立案のしかた

「誰に」「何を」「どのように」売るのかを考える

海外販路開拓を行なううえでの「**マーケティング**」について、大まかな考え方をまとめてみてください。

海外市場でのマーケティングに限りませんが、マーケティングの要素はたった3語で表現できます。それは、「**誰に**」「**何を**」「**どのように**」です。

まずは、下表にあげたように、どの国、どの地域の、どのようなターゲット顧客層の「誰に」売るのか？　そして「何を」売るのか？　さらに「どのように」売るのか？――この3点をまとめてみてください。

誰に	●対象国、ターゲット顧客層は？（当該国の人口、所得水準（1人当りGDP、所得別人口構成等）、顧客・消費者の志向・ニーズ、等に着目）
何を	●どんな機能、価値をもつ製品を提供するのか？ ●対象国のユーザー・消費者に訴求する差別化ポイントは？（工業製品の場合はコストでの差別化は難しいことが多い）
どのように	●どのような販路（販売店、小売店への直売、Eコマース）か？ ●どのようなプロモーションを行なうのか？

「誰に」に関しては、販売対象国はすでに2－4項で検討済みなので、対象国のどのようなターゲット顧客層を想定するかを明確化します。

ターゲット顧客層は、商流に関する25ページの図にある最終ユーザー（ユーザー企業、一般消費者）を優先して考えてみてください。すでに対象製品が日本国内で販売されていれば、まずは同じ顧客層が考えられます。

しかし、そのような顧客層は、人口構成等からして対象国ではごく小規模である可能性もあります。逆に、日本国内では想定されない顧客層が存在するかもしれません。

このような場合は、ＳＷＯＴ分析や市場調査から、その国特有のターゲット顧客層を探り当てます。ターゲット顧客層の想定が難しい場合は、特定の顧客層を探り当てるために「**ポジショニングマップ**」（74ページ以下のコラム「マーケティングのＳＴＰ」を参照）の活用も参考にしてください。

「何を」「どのように」は、２－３項で行なったクロスＳＷＯＴ分析で検討した基本戦略（「強み×機会」「強み×脅威」「弱み×機会」or「弱み×脅威」）を念頭に考えてみてください。ちなみに、ここまでの過程を経て、ＳＷＯＴ分析・クロスＳＷＯＴ分析に関して修正したい点があれば、修正してもらっても問題ありません。

また、「何を」に関しては、２－３項でＳＷＯＴ分析を行ない、内部環境分析（自社の強み）のモノで「対象製品の強み」を分析しました。

この対象製品の強みと、２－５項で調査した市場の特徴から、対象国の消費者・ユーザーに訴求する製品の差別化のポイントを考えてみてください。対象製品の差別化ポイントについては、以下を参考にするとよいでしょう。

「何を」の差別化ポイントを考える際の切り口の例

【製品価格】

自社製品に価格的優位性があるのであれば、競合製品と価格で競合する戦略もあります。しかし、一般的に日本製品は、中国製や現地製と価格では太刀打ちできません（価格戦略については別途２－

８項で解説します)。

【機能的価値と情緒的価値】

製品の価値には、「機能的価値」と「情緒的価値」があり、自社の製品がどちらの価値をもつ製品なのかを見極める必要があります。

機能的価値とは、製品やサービスの機能・性能・品質に対する価値です。特に、工業製品は機能的価値で評価されることが多いといえます。具体的には、機能・性能・品質を比較対象（競合製品等）と比較して数値化します。

一方、情緒的価値とは、その製品を使用した際に顧客が体感できる精神的な付加価値のことです。製品やサービスから受ける印象に対する価値を前面に押し出す製品（化粧品、美容関連商品、アパレルなど）もありますが、工業製品でも機能的価値・情緒的価値の両方を併せもっているはずです。たとえば、アップル社製のマックブックパソコンなどは、機能性の高さに加え、デザインや操作感、ブランドイメージなどでユーザーへ訴求しています。

【商品（製品）を構成する３つのレベル】

商品（製品）を構成するレベルとしては、「**核**」(**コア**。製品そのもの)、そして「**形態**」「**付随機能**」の３つがあります。

差別化のポイントは、必ずしも製品そのものとは限りません。製品そのもの（コア）以外にも、差別化ポイントが存在する可能性があるはずです。形態や付随機能で差別化できるポイントはないか考えてみてください。

「形態」の代表的な例としては、パッケージングがあります。特に、海外でＢ to Ｃ製品を販売する場合は、製品に貼るラベルや包装が売行きに大きな影響を与える場合が多いといえます。日本国内で販売する製品に貼るラベルを、現地市場の消費者にアピールするようにデザインを変更しただけで、差別化の要素となり、売上が大幅に増えた例はいくつもあります。

◎商品（製品）を構成する３つのレベル◎

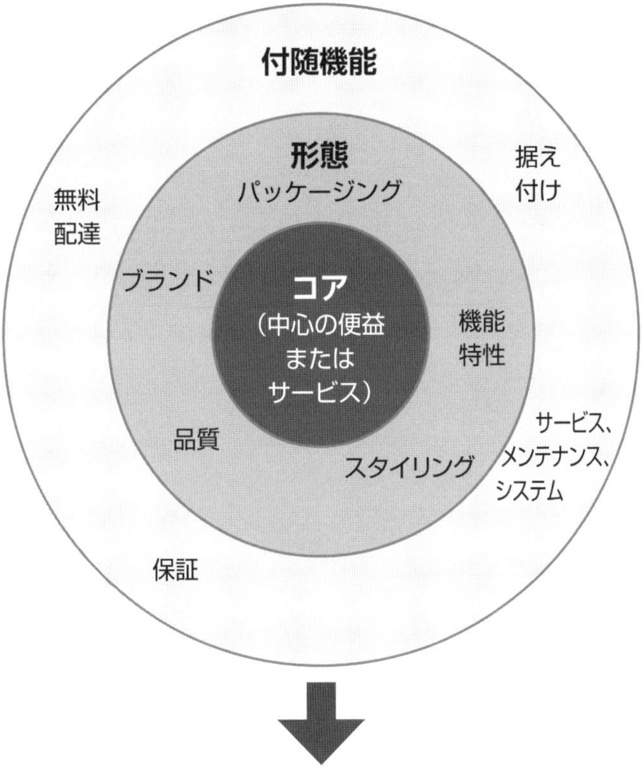

【携帯電話で考えてみると…】

核（コア）	製品の中核、コアとなる要素	電話機能の主要価値、「話す」「コミュニケーションする」機能
形態	製品の実体、製品の特性を構成する価値	「機能」「品質」「スタイル」「ブランド」「パッケージ」「デザインケータイ」「ワンセグ機能」「バッテリーの長さ」「通話の品質（エリア）」「カメラの性能」
付随機能	製品の中核を提供するのに調節的な影響はないが、その存在によって顧客にとっての価値が高まる要素	困ったときのアフターサービスや、壊れたときの保証等、電池の寿命切れのときの無償交換や、クレジットカードによる支払いなど

「付随機能」の例としては、製品の**アフターサービス**（サービス・メンテナンス）の体制などがあります。競合品のアフターサービス体制が劣っているのであれば、アフターサービス体制を拡充して差別化を図るといったことも考えられます。ちなみに、一般的に海外製品のサービス体制は、日本製品に比べて劣っている場合が多いです。

「どのように」の差別化ポイント

「どのように」では、「誰に」で決めたターゲット顧客層に対して、「何を」で決めた差別化ポイントを訴求するための方法を具体化するための販路、プロモーションを考えていきます。

市場調査の際に、対象国における競合製品等の流通チャネルを調査しました。それを参考にして、販売ルートを検討します。競合製品の流通チャネルに準じることが原則ですが、新たな流通チャネルが見い出せるようなら、それでもかまいません。そして、その販売ルートにマッチしたプロモーション方法を検討します。

販売ルートを検討する場合は、１－３項の商流で解説した、相手国においてユーザー顧客への直接販売、販売店を選定したうえでの販売店経由販売、そしてセールスレップの活用などを検討する必要があるでしょう。

また、日本国内において商社を介在させるか（間接輸出か直接輸出か）といったことも検討課題になります。たとえば、Ｌ／Ｃ買取業務などを商社に委託することは、自社の負担を減らす一方で、商社の手数料が発生することになるので、コストとしての負担となります。

したがって、商社を介在させる間接輸出とする場合には、ユーザー段階での競争力があるかどうかを検証する必要はあります。２－８項で解説しますが、商流各段階での価格を考えたうえで、ユーザー段階で価格競争力があることを検証するわけです。

一般的に、日本製工業製品の場合は、（中国製品等との）価格競

◎マーケティング戦略の例（タイへ化粧品を販売する例）◎

誰に	●対象国：タイ（所得水準は日本より低いものの東南アジアでは上位。女性の美に対する意識が強い） ●顧客ターゲット：ミドルアッパークラス（対象製品の購買力のある層）、30代～50代の女性（お肌の衰えが気になる層）
何を	●どんな機能、価値をもつ製品を提供するのか：美肌効果のある化粧クリーム、自然素材の材料を使っていること ●対象国のユーザー・消費者に訴求する差別化ポイント：日本製であること。日本の消費者に幅広く支持されていること ●→効果は長く使わないとわかりにくい→自然素材であること・日本の消費者の支持、という情緒的価値で差別化を図る
どのように	●どのような販路か：百貨店への販売ルートを持ち、Ｅコマースの実績がある販売店へ、タイ国内の独占販売権を与える ●どのようなプロモーションを行なうのか：タイ国内化粧品の展示会への出店、百貨店店頭における実演販売、商標登録を行ないブランド力を高める、現地語によるホームページ開設

争で苦しめられる場合が多いので、この観点からの検討は重要です。

この項で解説してきたマーケティング戦略を実際に立案するものとして、タイへ化粧品を販売する場合の例を示すと上表のとおりです。

コラム

マーケティングのＳＴＰ

ターゲット顧客層の想定が難しい場合に、特定の顧客層を探り当てるためのひとつの手法を紹介しましょう。

それは、ターゲット顧客層を探り当てる手法である「**ＳＴＰ分析**」というフレームワークです。

「**セグメンテーション**」（Segmentation：市場細分化）→「**ターゲティング**」（Targeting：狙う市場の決定）→「**ポジショニング**」（Positioning：自社の立ち位置の明確化）というステップで、誰に売るかを明確化するものです。

【セグメンテーションとは】

市場を細分化（セグメンテーション）して捉え、効率よく市場を獲得して売上げを伸ばしていく方法です。同じような特徴をもった集団を抽出し、集中的に広告やプレゼンテーションを働きかけます。

「市場を同じような属性、ニーズをもった生活者グループに区分していくこと」、「市場を細分化することで、より効率的な戦略の展開を可能にすることができる」といった基準で市場を細分化します。

◎一般的なセグメンテーションの切り口◎

- **地理的変数（ジオグラフィック変数）**
  国・地域・都市の規模、経済発展・進展度、人口、気候、文化・生活習慣、宗教、政策などの要素で分類するもの
- **人口動態変数（デモグラフィック変数）**
  年齢、性別、職業、所得、学歴、家族構成などの要素で分類するもの
- **心理的変数（サイコグラフィック変数）**
  価値観、趣向、ライフスタイル、心理的特徴といった、“感性”の分野に強く結びつく要素で分類するもの
- **行動変数**
  曜日・時間、購買の状況・経路・頻度などの消費者が実際に購入した要素で分類するもの

【ターゲティングとは】

セグメンテーションにより抽出して細分化された市場のなかから、どの市場を狙うかを選択します。

「他社との差別化をはかる領域をつくり出せているか」、「その領域は自社の売上・利益を維持向上させるだけの市場規模を有しているか」、「その領域で優位性を発揮できる強みやコアコンピタンスをもっているか（今後、現実的につくり出せるのならそれでもよい）」といった基準で、狙うべき市場を選択します。

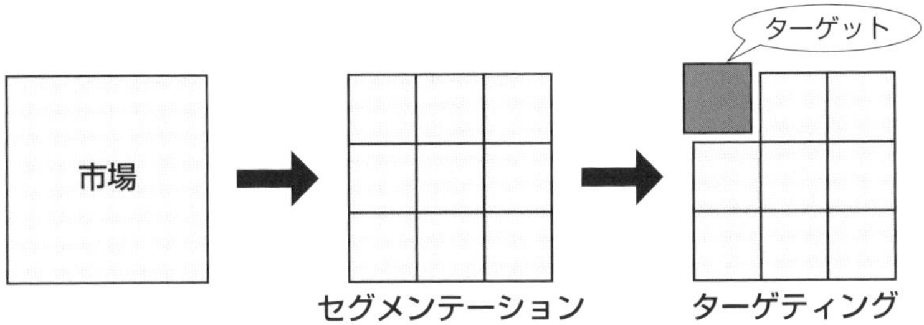

【ポジショニングとは】

「**ポジショニングマップ**」とは、自社商品の市場における立ち位置を可視化し、競合との差別化を図るためのフレームワークです。

セグメンテーションにより抽出したターゲット市場において、自社製品と競合他社製品との市場での位置づけをします。競合他社に対して相対的に独自のポジションを築き、差別化をはかることが目的です。ポジショニングマップをつくって、市場における自社の市場における最適ポジションを見つけます。

【ポジショニングマップのつくり方】

商品やサービスに対して、ユーザーが買いたくなるようなニーズや便益（ベネフィット）を二軸で設定します。

競合との差別化ポイントやターゲット層の潜在的なニーズを考えることが大切です。この二軸で構成された４つの象限に、セグメント化された市場で競合する商品やサービスを評価して、配置します。

◎ポジショニングマップの例◎
（ＰＢアフターマーケット自動車部品の東南アジア展開例）

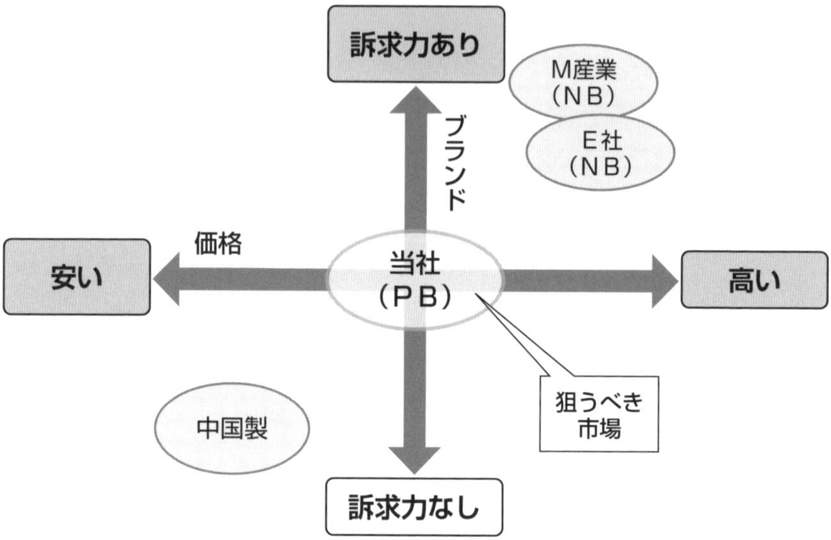

【ポジショニングマップ座標軸の例】

商品の機能、ベネフィットによる軸

- ●機能的⟷感覚的
- ●高価格⟷低価格
- ●多機能⟷単機能
- ●普及品⟷希少品
- ●かんたん⟷手間かかる
- ●大きい⟷コンパクト

商品イメージによる軸

- ●伝統的⟷革新的
- ●スマート⟷やぼったい
- ●安心⟷冒険
- ●明るい⟷暗い
- ●アジアっぽい⟷欧米っぽい
- ●あっさり⟷濃い

訴求対象による軸

- ●オピニオンリーダー⟷フォロワー
- ●子供⟷大人
- ●高所得者⟷低所得者
- ●男⟷女

そのうえで、市場でまだ埋められていない空白の領域や、自社商品の強みを活かせる狙うべき領域を見つけます。通常は、試行錯誤しながら何度もつくり直して最適解を見つけ出します。

上図に、ポジショニングマップの作成例を示しておきます。

2-8 価格戦略の考え方

商流の各ステージにおける価格を想定する

日本での対象製品の販売価格や、自社の製造原価／仕入価格、市場調査で調べた競合品の現地価格等を考慮して、対象製品の海外での販売価格を想定します。

ここで重要なのは、商流の各ステージにおける価格を想定することです。販売店への販売価格だけでなく、最終ユーザーに製品が届くまでの各ステージでの価格を想定します。物流費、関税などの商流全体で発生する経費も想定します。

これは、市場調査で調べた競合品の価格から狙いとする最終ユーザー価格を設定し、それが実現できているか（実現可能か）を検証

◎商流の各ステージにおける想定価格の例◎

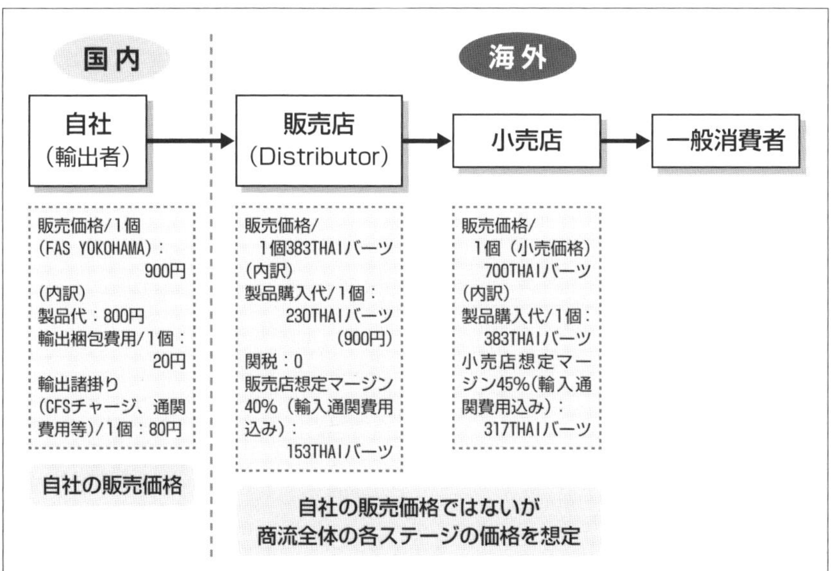

するためです。商流の各ステージにおける想定価格の設定のしかたについては、前ページの図を参考にしてください。

価格競争戦略と非価格競争戦略がある

価格戦略の考え方には、競合製品と価格で競合する「**価格競争戦略**」と、価格以外の要素（機能面、製造面、品質面等での優位性、機能的価値や情緒的価値）で差別化を図る「**非価格競争戦略**」があります。これは、価格で競争していくのか、価格以外の要素で競争していくのか、ということです。

自社製品に価格的優位性があるのであれば、「価格競争戦略」を採るのもよいですが、一般的に日本製の工業製品は、中国・東南アジア製、現地製には、価格では太刀打ちできないことが多いといえます（対象製品の差別化の度合いが高ければ、大きな価格差でも吸収することは可能ですが）。

また、欧米製の工業製品との比較であれば、必ずしも日本製品の価格が高いということはありませんが、最近はほとんどの工業製品で、中国製等の類似品、代替品が存在しているように見受けられます。

２－７項で、「何を」を考える際には、対象製品の優位性・差別化ポイントを明確化する重要性について解説しました。

しかし、機能の便益を提供する工業製品については、非価格競争戦略で価格以外の優位性を訴求しても、価格差があまりにも大きい場合には、購入してくれる可能性は低いともいえます。

現地のユーザーも、日本製ゆえに価格が高いということは理解してくれますが、あまりにも価格差が大きいと、購買意思決定に至らない場合が多いといえます。

また、やはり２－７項で、製品の「機能的価値」と「情緒的価値」についても解説しました。

機能的価値を提供する工業製品については、非価格競争戦略を採らざる得ない場合が多いといえます。しかし、情緒的価値を訴求するような製品は、価格差は購買意思決定にあまり影響しない場合も多いといえるのです。

市場調査の結果、工業製品について競合品と価格差があまりにも大きい場合には、想定する販売価格を競争力のあるものにする（たとえば、コストダウンする）ということも必要な場合があります。

近年、中国製等の競合製品の機能・性能・品質の向上は著しく、日本製品との差が縮まりつつあるため、特にコストダウンの必要性が高まっています。

なお、コストダウンの手法については次項で解説します。

どのくらいの価格差なら許されるのか

競合品との価格差があまりにも大きい場合とは、どれくらいの価格差をいうのかというと、対象国や対象製品によってさまざまです。その辺の判断は顧客目線に近い販売店、小売店の意見が一番参考になります。

ただし参考として一例をあげれば、東南アジア諸国での消費財の一般小売価格で考えると、類似品であれば日本国内小売価格の120～150％くらいまでは、一般的に許容範囲のようにいわれています。もっとも、差別化の度合いが高い等であれば、この基準にこだわる必要はありませんが。

「情緒的価値」を提供する製品の場合は、競合品との価格差が大きい場合でも、コストダウン手法を使うよりもブランディングで差別化を図るほうが有効である場合が多いといえます（ブランディングについては2－21項で解説します）。

自社製品の特性が情緒的価値を訴求するものであれば、本項で解説したコストダウンを意識するよりも、ブランディングをどうするかを意識してください（情緒的価値を訴求する製品であれば、競合製品の価格をまったく考えなくてもよいということではありませんが）。

2-9

日本企業がよく陥る価格戦略の失敗事例

価格差以外の差別化要素だけでは買ってもらえない

日本企業が海外での販売価格を設定する際には、日本での同製品の価格を参考（横並び）にするか、または製造原価（仕入原価）に一定比率の利益を上乗せして決める場合が多いでしょう。

しかし、工業製品の場合には、そのやり方では価格競争力が弱くなることが多いといえます。

前項で解説したように、「非価格競争戦略」を採るのであれば、価格以外の要素で差別化を図ることは可能ですが、あまりにも価格差が大きいと、差別化要素だけでユーザーに購買意思決定をしてもらうのは難しくなります。

そこで、日本製品が、中国・東南アジア製、現地製等と比較して価格が高い理由およびその事例と対策例をいくつかあげておきましょう。

【日本国内のユーザーの要求仕様に、現地ユーザーが望んでいない機能が付加されている（オーバースペックの）場合】

＜事例Ａ＞

雑貨用一般金属加工部品の引合いに対して、高精度が求められる産業機械用機構部品と同じ精度（顧客が求める以上の公差）の仕様で見積りを提出したところ、顧客から想定よりはるかに高いといわれた。

事例Ａの対策例…用途を考えて、その用途に対して十分であると考えられる仕様で見積りを提出します（顧客から過剰と思われる仕様要求があれば、十分と思われる仕様を提案する）。

<事例Ｂ>

製品内に組み込まれる部品の日本製モーターは、コンパクトな設計であるが高額である。これは、日本市場では製品は小さいことが求められるからであるが、海外市場では製品の小型化は求められない。性能・機能は同等で安価な海外製モーターを使いたいが、製品の筐体内に収まる大きさではないので、しかたなく日本製モーターを使っており、製品価格も高額となっている。

事例Ｂの対策例…海外向けには仕様を変更して、製品筐体のサイズを大きくして海外製モーターが収納できるようにします。

上記対策例のように、コストダウンにつながる仕様を提案することを「ＶＥ」（Value Engineering）といいます。オーバースペックやムダを排除して、最適なコストや仕様を提供するものです。

輸出に際して、国内仕様の製品をそのまま輸出しようとする日本企業が多いですが、コストが高すぎると思われるときは、まずはＶＥを考えましょう。

【材料・部品等の仕入れルートが固定化されており、仕入価格が高価格で固定されている（しがらみがあり別ルートからの仕入れができない、別部品を使うという発想がない）場合】

<事例Ｃ>

長年の付き合いがある仕入れ業者より製品の部品を調達するのが慣行となっており、他業者から見積りを取る／仕入れるという意思決定ができない。

事例Ｃの対策例…サプライチェーンはグローバル化、多様化してきており、仕入れ先を１社に固定することには無理があります。他業者からも見積りを取って、その価格をベースに既存仕入先と価格交渉をしましょう。もちろん、他業者の見積りが高いということもあり得ますが、その場合は別のコスト削減策を考えましょう。

＜事例D＞

生産設備をもっていないファブレス企業であるため、外部の長年の付き合いがある製造事業者に生産委託している。生産コストは高いとは思うが、他に生産委託できる事業者が見当たらず、やむなくその生産委託先を使っている。

事例Dの対策例…他に生産委託できる事業者が見当たらないと思われても、探索範囲を広げれば見つかる可能性があります。ネットで同様設備を保有している事業者を探すのも一手です。また、地方自治体（都道府県等）や国の機関（中小機構等）でもマッチング商談会を開催しているので活用しましょう。どうしても生産委託先が見つからない場合は、現地生産ということも検討課題です。現地生産について留意する点については84ページ以下のコラムで解説します。

【国内での販売価格は競争力があるので、海外市場であってもその価格以下では販売しないというポリシーがある場合】

＜事例E＞

日本国内での販売価格は競争力があり、顧客からの値下げ要求はなく、利益率も十分である。海外現地販売店からは、競合製品に比べて大幅に高いといわれているが、自社製品の機能・品質には自信があり（国内で売れているので海外でも同価格で売れると思い込んでいる）、利益を削ってまで国内販売価格を下回る現地販売価格を設定するつもりはない。

事例Eの対策例…中国製等の海外製品（特にＢ to Ｂで販売する生産設備類等）は、国内市場では出回っていないことも多いです。

これは、国内のユーザーは品質重視であり、実績のない海外製品をあまり購入しようとしない傾向があるからです。したがって、国内企業同士の競合はあっても、海外製品との競合はあまり起きないため、高値で安定している場合も多いといえます。一方で、海外市場では、中国製等の海外製品は普通に流通しており、ユーザーは容易にそれらの製品との価格を比較することになります。そこで、販売する市場の実情に合った（競合品の販売価格を考慮した）販売価格を設定する必要があります。前項で解説したように、機能・品質が差別化されていれば、ある程度の価格差は許容されますが、市場での競合品との大幅な価格差がある場合には、販売が難しくなるということです。

【製品原価に占める労務費比率が高く、価格競争力がない場合】

＜事例Ｆ＞

手作業中心で製品を組み立てており、製品原価に占める労務費比率が高いために、労務費の安い新興国（中国・東南アジア等）製に比べて製造原価そのものが高くなってしまい、価格競争力がない。

事例Ｆの対策例…生産工程を見直して効率化することで、人手に頼る部分が減るので、労務費を削減することができます。たとえば、人手に頼っていた工程を自動化する機械設備を導入することなどが考えられます。また、生産効率を高めるための生産設備導入に活用できる補助金がありますので、それを活用することで設備投資費用を圧縮することもできます。設備投資のための国の補助金としては、「ものづくり補助金」「小規模事業者持続化補助金（ただし設備投資は、販売促進とセットの場合のみ認められる）」などがあります。なお、前述したように現地生産の検討ということも選択肢となり得ます。

コラム

コストダウン・海外現地生産に関するよくある勘違い

本文2－9項で、コストダウンの可能性について解説しました。実際に、海外での価格競争力がないために、国内でコストダウン施策をいろいろ検討するものの、十分なコストダウン効果を得られず、海外現地製造事業者に生産委託して、現地生産の検討を始める企業もあります。

つまり、海外で現地生産した対象製品を、そのまま現地販売するということです。そのような場合に、「たしかにコストダウンは可能と思いますが、貴社としてはどのようにして利益を確保するのですか？」と質問すると、答えられない企業がよくあります。

結論からいえば、海外現地の製造事業者が製品を製造することで、それを同じ市場で販売（輸出も同様）したとしても、「海外現地製造事業者→販売店・ユーザー」の取引であり、自社にとっての利益は生じません。

では、どうしたらよいのでしょうか？　海外現地生産を行ない、自社で利益を確保する方法としては以下のことが考えられます。

①現地生産に不可欠なコア部品（生産難易度の高い部品、付加価値の高い部品、ブラックボックス化が可能な部品等）のみは日本から輸出し、そのコア部品の販売で利益を確保する。

②海外現地製造事業者との間で対象製品のライセンス生産契約を締結し、販売数量・販売額等に対し一定の比率でライセンス料をもらう。

③海外現地製造事業者と共同出資し、現地で合弁会社（自社単独の出資もあり得る）を設立し（製造会社でも販売会社でも可だが、販売会社のほうが設立・オペレーションの難易度は低い）、将来的にその合弁会社からの配当を受け取る。ただし、一般に海外で合弁会社を設立した場合は、初期費用がかさみ、配当を得るまでには長期間を要します。たとえば、製造会社の場合には、赤字解消までに３年、累損解消までには５年かかるといわれています（累損が解消して初めて配当を受け取ることができます）。

海外現地生産を行なう際には、上記①～③のどの方法で利益を得るかについては、あらかじめ決めておく必要があります。

難易度としては、①→②→③の順で高くなります。

③については、現地での会社のオペレーションに関与していかなければならず、本書で解説する輸出という範疇を超えた海外事業会社の運営ということになります。

ただし、海外子会社から配当を受け取る場合には、税制上の大きな優遇制度があります。たとえば、海外子会社からの配当額の95%相当額を自社の益金の額に算入しないこと（非課税所得とすること）が可能となっています。

2-10
顧客・販売店開拓のしかた①
探索方法

候補企業のリストアップにはさまざまな方法がある

２－７項で解説したように、「どのように」販売していくかを検討し、そのなかで「どのような販路か」を決めたはずです。その際に、直接ユーザーにアプローチする場合もあるでしょうし、販売店を通じて販売していく場合もあるでしょう。

それにもとづいて、自社が直接販売する相手先のユーザー顧客・販売店候補を探索します。そして、複数の候補企業をリストアップし、それぞれにアプローチしていきます。この場合、候補企業をリストアップする方法としては、以下のことがあげられます。

【インターネットで販売先候補となり得る企業を検索する】

検索に使うワードは英語が原則ですが、英語だけでなく検索ワードを現地語に転換して検索するのも一法です。

たとえば、タイで化粧品を扱うディストリビューターを探す場合には、「COSMETICS DISTRIBUTOR THAILAND」というワードで探すのが原則です。さらに、これをGoogle翻訳等でタイ語に翻訳し、「**ตัวแทนจำหน่ายเครื่องสำอาง** THAILAND」で検索してみると、英語での検索で得られなかった企業が検索結果として表示されます。

【ジェトロ等に候補企業のリストアップを依頼する】

２－６項で、ジェトロサービス（プラットフォーム事業、海外ミニ調査サービス）について説明しましたが、これらのサービスでは、販売先候補企業のリストアップにも対応してもらうことができます。

ジェトロでは、対象となるような企業リストをウェブサイト上で

◎ジェトロウェブサイト掲載企業リストの例◎

ベトナム有望企業（南部ベトナム編）第14版

Company List (A to Z)　アルファベット順企業リスト

No.	Company Name (EN)	Page	Press	Mould for press	Plastic molding	Mould for plastic molding	Rubber molding	Mould for rubber molding	Machining	Jig / tool	Sheet metal	Casting	Die-casting	Forging	Polishing	Plating	Painting	Heat treatment	Electric/Electronics parts	Assembly	Others
1	ALUTEK CO., LTD.	1	◎													●					
2	AN GIANG MECHANICAL JOINT STOCK COMPANY	58							◎												
3	AN HA CO., LTD	2	◎						●												
4	AN VIET PHAT PACKAGING CO., LTD	150																			◎
5	ANH THY JOINT STOCK COMPANY	105									◎						●		●		
6	ANH VU MECHANICAL ENGINEERING CO., LTD	115										◎									
7	ANOTECH JOINT STOCK COMPANY	124							●						●	◎					●
8	ASIA DRAGON CORD & TWINE CO.,LTD	151																			◎
9	BACH TUNG MECHANICS CONSTRUCTIONS CO.,LTD	59							◎												
10	BAO BAO PRODUCTION & TRADING CO.,LTD	3	◎																		
11	BARIA RUBBER JOINT-STOCK COMPANY	152																			◎
12	BEN THANH RUBBER JOINT STOCK COMPANY	51					◎														
13	BIEN HOA PACKAGING JSC.	153																			◎
14	BINH DONG HUNG PLASTIC MACHINERY CO., LTD	60							◎												
15	CANTHO MECHANICAL ELECTRICAL MACHINERY COMPANY	61							◎												
16	CAT THAI MANUFACTURING AND TRADING COMPANY	38	●	●		◎			●							●	●		●	●	
17	CAT VAN LOI INDUSTRIAL ELECTRICAL EQUIPMENT MANUFACTURING JSC	4	◎								●		●		●						
18	CHAN HUNG BOLTS SCREWS PRODUCTION TRADING COMPANY LIMITED	62							◎					●							
19	CHAU PHU CO., LTD	63							◎												
20	CHI THANH V.N MANUFACTURING AND TRADING PLASTIC CO.,LTD.	15		●	◎	●															
21	CNC HIGH TECHNOLOGIES JOINT STOCK COMPANY	39				◎			●	●										●	●
22	CNS AMURA PRECISION CO.,LTD	40		●		◎		●	●												
23	DAI A THANH CO.,LTD	154																			◎
24	DAI DONG TIEN CORPORATION	16			◎	●															●
25	DAI LOC TRADING SERVICE MECHANICAL CO.LTD	64	●						◎		●							●		●	
26	DAI LONG TRADING MANUFACTURING ELECTRIC WIRE AND CABLE CO., LTD	133																	◎		●
27	DAN TIEN MECHANIC SALT TRADING AND PRODUCTION	65							◎												
28	DAO TIEN PRODUCTION TRADING JSC	41				◎															
29	DAPHACO ELECTRIC CABLE CORPORATION	134																	◎		
30	DAT HOA PLASTIC CO., LTD.	135			●		●												◎		●
31	DO THANH TECHNOLOGY CORP	17			◎																
32	DONG THO PTE., LTD.	106							●		◎										
33	DONGTIEN MECHANICAL TRADING PRODUCTION COMPANY LTD	66							◎												
34	DUC TRUNG MECHANICAL ENGINEERING CO.,LTD	67							◎				●								
35	DUDACO LTD.	155																			◎
36	DUFO ENGINEERING CO.,LTD	42				◎		●													●
37	DUY KHANH CO.,LTD.	43		●		◎	●		●	●	●	●									●
38	DUYTAN PLASTICS CORP	18			◎	●															●
39	EURORACK MECHANICAL JSC	156																			◎
40	FUVI MECHANICAL TECHNOLOGY COMPANY LTD.	19			◎				●												
41	GLOBAL PACKING TECHNOLOGY CO.,LTD	157																	●		◎

◎ : Main Category, ● : Other Category(ies)

（出所：ジェトロホームページより）

公表している場合もあるので、依頼する前にジェトロのウェブサイト上で確認してみるとよいでしょう。前ページに、ジェトロのウェブサイトに掲載されているベトナムの事例を参考として掲載しました。

また、東京都に事業所のある企業に限られますが、東京都中小企業振興公社の「海外販路開拓支援事業」でも、同様の販売先候補企業のリストアップに対応してもらえます。ただし、対象国は東南アジアの一部の国に限られます。

【民間コンサルタント会社に依頼する】

民間コンサルタント会社（国内コンサルタント会社もしくは現地コンサルタント会社）に依頼して、販売先候補企業の紹介・リストアップをしてもらう方法です。

対象商品の業界に精通し、人的コネクションをもっているようなコンサルタント会社であれば、貴重な企業リストを提供してくれるでしょう。

ただし、業界にあまり精通していないコンサルタント会社だと、公表情報（ウェブ等）からだけの調査となり、自ら調べるのと大差ないという結果になりがちです。

民間コンサルタント会社に依頼するかどうかは、費用もそれ相応のものになるので、その会社が業界に精通しているコンサルタントを有しているかどうかということが判断のポイントになります。

【業界団体の会員リストから探索する／業界団体から適当な企業を紹介してもらう】

日本国内でもそうですが、海外でも同じ業界の企業が集まって業界団体を組織している場合も多いです。業界団体のウェブサイトには、会員企業名を公表している場合も、公表していない場合もあります。

会員企業名が公表されていない場合は直接、業界団体の事務局にコンタクトして、販売先候補となりそうな企業を紹介してもらう、ということも考えられます。

ただし、業界団体によっては問い合わせをしても返事がない、応じてもらえない、ということも多いようです。紹介してもらえるかどうかは、業界団体次第ということになります。

【展示会を活用する】

対象製品の属する業界関連の展示会へ出展し、自社ブースを訪問してくれた企業をリスト化するという方法もあります（展示会出展については2－19項で解説します）。

展示会への出展は、それなりにハードルが高いといえますが、自社で出展していなくても、関連する展示会へ出向いて出展企業と商談することも効果的です。

販売先候補となりそうな企業のブースを訪問して名刺交換し、そういった企業を販売候補先とすればよいのです。対応してくれた担当者が、購買担当でなくても別の担当者を紹介してくれる場合も多いです。

【セールスレップを活用する】

上記のように、ユーザー顧客・販売店候補を探索することが北米以外の市場においては一般的です。北米以外の市場では、販売店＝ディストリビューターで物流機能、販売機能、代金決済機能を担ってくれる、と考えてよいでしょう。

しかし、北米市場においてはセールスレップを活用して営業活動を行なうのが一般的です（1－5項参照）。

北米市場においては、まずはその業界に精通したセールスレップを探し、そのセールスレップを通じて、彼ら・彼女らがもっている人脈・販売ルートで営業活動をしていくということを検討してください。

ただし、セールスレップは、物流機能、販売機能、代金決済機能は担わないので、別途、ディストリビューターが必要になります。

しかし、セールスレップはその業界に精通していますから、セールレップ経由で紹介してもらうことも可能でしょう。

セールスレップの報酬は、一般的に販売実績に応じた成功報酬となりますが（たとえば、販売金額の15％を販売コミッションとするなど）、営業活動の初期においては、販売実績はまず伴わないので、一定期間、固定給を支払う契約を求められる可能性があります。

セールスレップを活用する際の注意点としては、セールスレップは代金決済機能を担わないし、代金回収責任も負わないということです。したがって、代金回収はディストリビューターもしくは自社の責任で行なう必要があることに留意してください。

アメリカ国内でのＢ to Ｂ取引の代金決済では、「NET 30days」と呼ばれるような後払いが主流ですが、与信管理が甘いと、セールスレップにはコミッションを支払う一方で、製品代金は未回収になるということも起こり得ます。十分に注意してください。

【公的機関の商談会を活用する】

ジェトロや中小機構では、定期的に海外のバイヤーを招いて商談会を開催しています（オンライン開催の場合が多いです）。

たとえば中小機構では、定期的に業種別の「中小機構海外ＣＥＯ商談会」を開催しており、対象商品の関連分野の商談会があれば、参加してみるとよいでしょう。

2-11 顧客・販売店開拓のしかた②アプローチ方法

まずは販売勧誘文をEメールで送る

前項で探索した販売先候補へコンタクトを行なったら、商談に結びつけます。販売先候補企業へのコンタクトの手段については前項で解説しましたが、まずはEメールで連絡するのが一般的でしょう。

最初のコンタクトでは、対象製品の紹介（機能、品質、差別化のポイント等）、（複数製品があれば）対象製品のラインアップ、販売実績などを相手に伝えます。

次ページに「販売候補先への販売勧誘文の例」の英文を参考までに掲載しました。

そして、送った販売勧誘文に対する相手の反応を待つわけですが、相手から返事があることのほうが圧倒的に少ないということを理解してください。返事がこない理由としては、以下の3つが考えられます。

A）**そもそも対象製品に興味がない**…販売先候補の選定が適切でなかった、コンタクトした相手は担当ではないので興味がない、など。

B）**興味はあるが響かない**…カタログ、動画がないので製品の特徴がわかりにくい、価格を連絡していないので価格レベルがわからない、コンタクト時のメール文章が稚拙で内容を理解できない、など。

C）**コミュニケーション方法が適当でなかった**…英語で連絡したが、コンタクト相手は英語が理解できない、Eメールで連絡したが、コンタクト相手は日常的にはチャットツール（WhatApp、Wechat、メッセンジャーなど）でしかコミュニケーションを取らない、など。

◎販売候補先への販売勧誘文（英文）の例◎

To whom it may concern,

We, XXXX Company, are Japanese company located in Tokyo, Japan.
We are selling Construction Equipment in Japanese domestic market,
Please see our company profile at
https://www. xxxx.co.jp/english/index.html

We are now trying to sell our product "YYYY" in Canada.
"YYYY"is Temporary partitions for interior construction sites that can be adjustably installed without cutting, considering the environment, safety and work efficiency of the construction site.

Advantages of the Product are as follows:
It is ECO FRIENDLY product., can be used repeatedly. Contributes to zero industrial waste and no disposal costs after dismantling.
Installation and Dismantling are EASY AND WORK EFFICIENT. Working time including preparation time is significantly less than Conventional construction method using gypsum board.
Please see the video of the product at
https://www.youtube.com/watch?v= xxxx
Please also see the attached price list for our product lines.
If you have a question, please ask me anytime.

You can also see further information of the products as follows:

Our web site: https://www. xxxx.co.jp/english/index.html
Virtual Expo (Web exhibition):
https://www.archiexpo.com/prod/ xxxx/product.html

We are looking for a distributor of our Products in Canada. If you were interested in our products, please feel free to ask any questions to us. Also, if you were interested in OEM business, we are welcome to talk about the development of OEM business.

We are looking forward to hearing your inquiry.

Regards.

どうすれば返事をもらえる？

では、返事がくる確率を高めるにはどうしたらよいでしょうか。

【理由Aの場合】

販売先候補の選定が常に正しいとは限らないので、この場合はしかたがありません。ただし、先方企業の他の社員のEメールアドレスがわかる場合は、Eメールの宛先に「cc:」として、そのメールアドレスを追加しておくとよいでしょう。

【理由Bの場合】

この場合は、ビジネスチャンスを逃している可能性があります。最初にコンタクトする段階で、カタログを送付し、できれば自社ホームページおよび製品紹介動画（YouTubeにアップ）のＵＲＬを連絡すべきでした（カタログ、ホームページ、動画については2－16項～２－18項で解説します）。

価格については、一点一様のオーダーメイドの製品などは提示が難しいかもしれませんが、参考価格などを極力提示したほうがよいです。販売候補先には、特に機能とコスト両面でバランスが取れている製品が響くものです。可能であれば価格表（プライスリスト）などをメールに添付するのもよいでしょう。

ちなみに、販売勧誘のメール文章は、まずは日本語で考えて作成し、ヌケやモレがないように推敲しましょう。一度、日本語で作成した後に英語に翻訳すればよいです。翻訳は、自動翻訳でかまいませんが、Google翻訳やDeepL翻訳など複数の翻訳ツールを使って比較検討しながら、翻訳の完成度を高めるのがお薦めです。

【理由Cの場合】

相手先が英語圏以外の場合は、相手が英語を理解していない可能性もあるので、英語の文章に添えて現地語（Google翻訳であればどの言語への翻訳でも可能）の文章も一緒に送るのがよいでしょう。

英文だけ送って返事がこない場合は再度、現地語のみでEメールを送ってみるのも一法です。

相手がEメールを使わずに、チャットツールしか使っていない場合もあるでしょう。しかし、そうであることは事前にわかりようもなく、またチャットツールのアドレスもわかりようもありません。

ただし、「LinkedIn」を使うと、コンタクト相手を探し当てて連絡が取れる可能性もあります。

＜「LinkedIn」とは＞

「LinkedIn」は、2023年８月時点で7.4億人が登録する世界最大のビジネス特化型のＳＮＳで、実名と所属組織等を公開した状態でプロフィールを作成し、ビジネス情報を交換したり、コミュニティでの交流をするものです。実名と所属組織等を公開しているので、特定の相手に（相手もLinkedInを使っていれば）、コンタクトできる可能性があります。

Eメールやチャットツール以外のアプローチ方法として、電話番号がわかるのであれば直接、電話をするという方法もあります（時差を考慮して電話することに要注意です）。

ただしこの場合は、自社内に英語もしくは現地言語を話せる人材がいる必要があります。自社内にそのような人材がいない場合は、外部のコンサルタント（日本国内もしくは現地のコンサルタント）にコンタクトを依頼することもできます。

さらに、それ以外の方法としては、ジェトロの「アポイント取得サービス」を使うという方法もあります。

ただしこれは、初回のコンタクトがうまくいかない場合というよりは、実際に訪問する場合のアポイント取得を依頼する場合に使えるサービスです。

このアポイント取得サービスを申し込むには、ジェトロの有料会員に登録する必要があり、このサービス自体も有料です。

2-12

商談の進め方

初回の商談、プレゼンテーションのやり方

販売候補先（販売店、顧客）にアプローチをしたら、商談のアポイントを取って商談に臨みます。商談は、「**対面**」で行なう場合と「**オンライン**」で行なう場合があります。

1－10項で、オンライン会議アプリと連動する自動翻訳機能・通訳専用アプリについて解説しましたが、それらの翻訳アプリに100％頼って商談を行なうのは難しく、翻訳アプリは商談のサポートという位置づけで考えてください。また、翻訳アプリがあるにしても、商談で使う外国語がある程度できる人材がいない場合は、通訳を入れることも検討してください。

初回の商談では、販売対象製品の**プレゼンテーション**が主要項目になるはずです。

初回の面談で、相手側が長い時間を取ってくれることはまずありません。短い時間でいかにヌケやモレがなく、効率的にプレゼンテーションをするかで商談の成否が決まります。

そのためには、事前に説明資料を準備しておいて、それを見せながらプレゼンテーションを進めることが必要です（事前準備の資料については後述します）。重要なのは、プレゼンテーションする相手が、一番興味があるはずの**「製品説明」から始めるべき**ということです。

そのような紙資料とは別に、製品を紹介する「**動画**」（2－18項で解説します）を商談の冒頭に、相手に見てもらうことも有効です。これは、対面の商談であっても、オンラインの商談であっても同じです。

製品の説明において、相手が理解度を一番高められるのは動画であり、いくら言葉を尽くして説明しても動画には及びません。

ここで相手に見せる動画は、短いものである必要があります（長くても3分以内）。長い動画だと、相手には集中して見てもらえません。

また、なるべく現地語による動画を用意すべきです。相手にとって一番理解しやすいのは、母国語であるはずだからです。

ナレーションを現地語とするのは難しいかもしれませんが、テキストで現地語の説明文を表示させるのは自動翻訳アプリを使えば難しくはないはずです。

そのほか、初回の商談で伝えるべきことは「**価格**」です。

相手は、製品価値（機能的価値・情緒的価値）と価格が見合っていると判断しなければ、購買意思決定には至りません。製品の性質にもよりますが、「**プライスリスト**」を用意しておくのも一法です。

ただし、顧客ごとに価格が異なる製品の場合は、プライスリストは提示できないでしょう。そのような場合でも、価格の大体のレベルは提示しましょう。そして後日、「**見積書**」（Quotation）を送付することになります。

なお、この時点で、顧客の困りごとを把握していれば、その解決方法のプレゼンテーションも行ないましょう。プレゼンテーションの初期段階で、製品説明と組み合わせて行なえばより効果的です。

商談のための販促ツールを用意する

商談で相手側が最初に知りたいのは、**製品の特徴**でしょう。そして、商談に応じてくれたということは、貴社の製品の何かに惹かれたからでしょう。

貴社としては、製品の特徴についていろいろと説明したいことがあるはずです。

しかし通常、相手側は初めての商談のためにそんなに長い時間は取ってくれません。いろいろなことを説明しようとしても、説明している途中で時間がきてしまい、肝心なことを説明できなかった、というようなことは避けたいものです。

また、自社の会社内容から説明を始めて、そこで時間を取ってしまい、製品説明の時間がほとんどなくなってしまった、ということも往々にしてあります。

そのようなことを避けるために、短い商談時間のなかでいかに効率よく相手の印象に残るプレゼンテーションをするかが重要になってきます。

そのためには、プレゼンテーションで何をどのような流れで説明するのかを事前に決めておいて、その流れに沿って相手にアピールするのが効率的かつ効果的です。

最初に製品のセールスポイントを訴え（**キャッチコピー**：2－16項参照）などを使うと効果的です。

その後、「事例（セールスポイントを具体的にイメージさせる）」→「セールスポイントを支える技術や設備の紹介」→「会社の基本情報など」という流れで説明します。

この情報をＡ４判４ページにまとめて、その資料を相手に見せながら説明していきます。

この流れは、次ページ図にあるように、「購買者の消費行動」である「**ＡＩＤＭＡの法則**」を意識したものです。

ＡＩＤＭＡとは、購買者が購買決定に至るプロセスのことで、以下の頭文字からネーミングされています。

- **Attention（注目）**…製品の存在に気づく
- **Interest（関心）**…製品へ興味を抱く
- **Desire（欲求）**…製品をほしいと感じる
- **Memory（記憶）**…製品を記憶する
- **Action（行動）**…製品を購入する

◎商談のための販促ツール（ＡＩＤＭＡを意識したアピール資料）◎

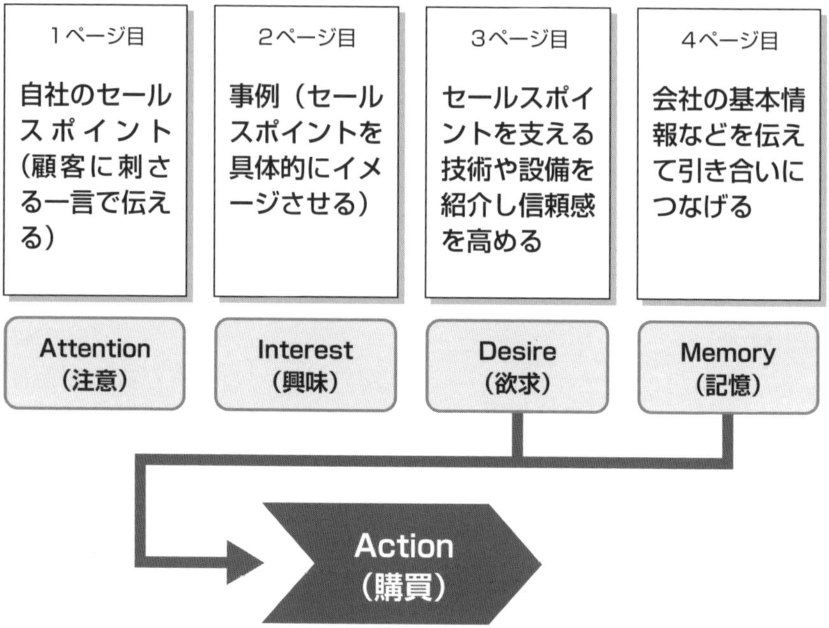
1ページ目
自社のセールスポイント（顧客に刺さる一言で伝える）
2ページ目
事例（セールスポイントを具体的にイメージさせる）
3ページ目
セールスポイントを支える技術や設備を紹介し信頼感を高める
4ページ目
会社の基本情報などを伝えて引き合いにつなげる
Attention
（注意）
Interest
（興味）
Desire
（欲求）
Memory
（記憶）
Action
（購買）

通訳の使い方

商談に通訳を同席させて通訳してもらう際には、事前に製品の関連資料（カタログ、動画、販促ツールなど）を通訳の人に送って、製品の知識をひと通り勉強してもらうようにしましょう。

どんなに優秀な通訳でも、なじみのない業界や製品に関する事柄を、その場で即興で通訳するのは難しいものです。特に、業界特有の用語、技術的な用語などは事前に勉強しておかないと、正しく通訳することはできません。

せっかく高い費用をかけて通訳を雇っても、相手に意図することが正確に伝わらなければ意味がありませんので注意してください。

2-13

製品サンプルの効果と注意点

現物を提示することがイチバン効果的

「百聞は一見にしかず」という言葉がありますが、商談相手には**現物の製品サンプル**を見せることが、言葉で説明するよりも効果的です。動画でも相手に情報を効果的に伝えることはできますが、現物のサンプルを提示するほうがさらに効果的です。

対面での商談の際には、必ず製品サンプルを持参しましょう。組立てが伴うような製品であれば、商談の場で実際に組み立てるデモンストレーションをしましょう。

ハンドキャリーできないような大きさの製品であれば、ミニチュアサンプルや動画などを持参して、代用することが望ましいです。

オンラインの商談でも、できるだけ事前にサンプルを送っておいて、オンライン面談の場では、面談相手に実物を見てもらいながら、商談を進めるのが望ましいといえます。

ただし、高価な製品、重量が重い製品、寸法が大きい製品などは、事前のサンプル送付は難しいので、動画などを活用してなるべく相手にイメージが伝わるようにしましょう。

製品の現物を見ることによって、商談相手はより具体的に製品のイメージをつかむことができます。対面であれ、オンラインであれ、商談の際には極力、製品サンプルを用意してください。

サンプルを提示することの目的

製品サンプルの提示は、商談相手へ具体的な製品イメージを提供する以外にも、以下にあげるような目的もあります。

【製品の品質確認】

製品サンプルは、その製品の品質や仕様を確認するために重要であり、サンプルを提供することで、商談相手は製品の品質や特徴を実際に手に取って確認できます。

【信頼の構築】

初めて会う商談相手とは、当然ながら信頼関係は築けていません。製品サンプルを提示することで、製品の実在性や品質に対する信頼を高めることができます。

【市場適合性の確認】

それぞれの製品は、地域や国によって需要や好みが異なる場合があります。サンプルを提示することで、商談相手は製品が現地の市場に適しているかどうかを評価することができます。特に、情緒的価値にかかわるようことは、カタログ、動画などだけでは判断できないことも多々あります。

製品サンプルは持ち帰るのがベター

製品サンプルの模倣リスクを考えると、商談の際にデモンストレーションを行なった製品サンプルは、持ち帰るのが望ましいといえます。

しかし、オンライン商談では製品サンプルを先方に送らざるを得ず、現地訪問の際にも「製品評価のために置いていってほしい」といわれることもあるでしょう。ただし、要求されても安易に製品サンプルを渡すべきではありません。

特に工業製品は、製品サンプルのリバースエンジニアリング（分解や解析などを行ない、その動作原理や製造方法、設計や構造、仕様の詳細、構成要素などを明らかにすること）を行なうことで、容易に模倣品をつくることも、詳細仕様を把握することもできます。

製品サンプルを渡す場合には、「**秘密保持契約書**」（2－23項で解説します）を取り交わして、他者に製品サンプルを渡さない、リバースエンジニアリングをしない、等について取り決めてから渡すようにしましょう。これは製品図面や製品の詳細仕様書を渡す際も同様です。

製品サンプルの輸送方法

製品サンプルは、渡航して現地で商談するに際しては、ハンドキャリーで持っていくことになります。

ただし、航空会社で預かってくれる手荷物の大きさは、全日空の場合では３辺（縦、横、高さ）の合計が292cm以内、重量100kg以内までです。そして、その３辺の和が203cm、重量32kg超の場合には、事前の問い合わせが必要です。

また、製品サンプルが大きい場合にも注意が必要です。

オンライン商談等のためにサンプルを事前に送る場合、国際宅配便サービスを使うことになりますが、１梱包当たり「120×80×80cm」「70kg」までとなっています（ＤＨＬの場合）。

寸法、重量がそれに収まらない場合はは、日通のドアツードア国際輸送サービス（SKY-EX FREIGHT）などを使うことになります。

コラム

海外渡航・現地情報のチップ

販売候補先と対面で面談するには、現地へ出向く必要があります（先方が日本に来てくれるのであれば、費用面から考えてもそのほうがよいのですが）。

原稿執筆の現在（2023年９月）、コロナの影響、円安、各国のインフレ進行等により、海外渡航の環境は以前と変わってきています。

そのなかで、とにかく先方の企業所在地まで行き着かなければなりません。そのための一助になるかと思いますので、著者がコロナ禍の終盤である2022年に訪問した北米、欧州、アジアの状況を「海外渡航のチップ」として以下に記しました。ちょっと長いコラムになりますが、参考にしていただけると幸いです。

【2022年3月：ドイツ フランクフルト】

往路は本来「羽田→チューリッヒ→フランクフルト」の便でしたが、発券後、企業側同行者１名がワクチン接種の証明書（英文）を持っていないことが判明しました。

チューリッヒのトランジットでは、一度スイスに入国する必要があり、ワクチン接種証明の提示がスイス入国の条件であることが判明したところ、ＡＮＡ側がフランクフルト直行便に振り替えてくれました。

製品サンプルを持参していたのですが、非常に重いため、超過手荷物として別に預けざるを得なくなり、チューリッヒ経由だと無事にフランクフルトに到着するか不安でしたが、直行便のせいなのか無事フランクフルトで受け取ることができました。

フランクフルトでは、中央駅近くのホテルに３泊しましたが、ホテルのチェックインは非常に厳しく、同行者はワクチン接種証明書を持っていないため、チェックインを断わられました。

ホテル近くにワクチン接種センターがあり、そこでワクチン接種をすることで、ようやくチェックインは認められました。

ワクチン接種は毎日行なって日々、証明書をホテルのレセプションに提示しないと部屋には入れてくれません。

訪問先企業は、シュツットガルト近くにあった（車で２時間）ので、車をチャーターしました。ドイツでは、制限速度なしのアウトバーンが張り巡らされており、道路のインフラは日本以上によいという印象です。

鉄道は、日本の新幹線に相当するインターシティという優等列車があり、主要都市間の移動では、鉄道を使うことで問題はありません。

訪問先が駅からそんなに離れていなければ、駅からはタクシーの利用が可能です。ただし、訪問した企業はシュツットガルトからもけっこう離れており、車をチャーターせざるを得なかったということです。

ドイツでは、英語が通じないともいわれますが、そんなことはなく、英語でのコミュニケーションは問題ありませんでした（現地でアポイントをお願いしたコンサルタントが同行したので、一部ドイツ語の通訳業務はしてくれましたが）。

事前に、先方企業に英語ができるかどうかを確認し、英語ができる人が同行するなら、通訳は同行しなくてもよいと思います。ちなみに、ドライバーは英語が理解できないようだったので、ドイツ語で住所を示す必要はあるでしょう。

【2022年10月：アメリカ、カナダ】

アメリカ、カナダの入国時には、アメリカはESTA、カナダはEtaの登録が必要です。これは、ネット上で取得できますが、入力項目が多く、慣れない人にはなかなか大変な作業です。

ちなみに、登録を代行してくれる業者もあるので、一度やってみて難しければ、業者に頼みましょう。

アメリカ、カナダともに公共の交通機関は整っていなくて、大都市の企業を訪問するのでなければ、空港でレンタカーを借りて、訪問先へ直行するのが基本です。

今回は、ボストン、トロントそれぞれの空港でレンタカーを借りました。なお、レンタカーを借りるには、国際免許証とクレジットカードが必要です。

ボストンからはメイン州の企業、トロントでは近郊の企業を訪問しました。レンタカーを借りる際に、以前はナビをオプションでつけましたが、いまはそのようなオプションはありません。おそらく誰もがスマホを持っているので、その必要がないのでしょう。

したがって、日本からWiFiルーターを持参するか、現地でSIMカードの購入が必須となります。スマホのナビがあれば、目的地までは問題なく行き着けます。ただし、日本と違って車は右側通行なので、運転には十分に注意する必要があります。

円安と物価高のダブルパンチで、ホテル代の高騰が著しく、1泊目は、ボストン近郊での宿泊はあきらめ、マサチューセッツ州からメイン州に入ってすぐの田舎町で宿泊しましたが、それでも日本円で3万円くらいでした。

2泊目以降も、都市中心部は避けて郊外に泊まるようにしましたが、それでも平均で1泊3万円はしました。

昨今のホテル代等の物価高騰は著しく、ホテルについては工夫をする必要があります。円高の頃は、費用を気にせずに行動できましたが、昨今の円安、インフレ下では、コストを意識して行動することも必要でしょう。

【2022年11月：スペイン マドリッド】

この時期には航空運賃が高騰しており、ANAのフランクフルト経由で行こうとしましたが、冗談みたいな高価格で、比較的安いターキッシュエアのイスタンブール経由便を使いました。

この時期はコロナの影響は皆無だったようで、むしろコロナの反動で観光客、ビジネス客は増えている印象でした。

マドリッドには4泊しましたが、上記の影響か、通しで4泊取れるホテルはほとんどなく、中心部から離れたチャマルティン駅にあるホテルで、ようやく4泊通しで取れました。ホテルは、なるべく早い時期に予約することをお勧めします。

ホテル代、食事代等、物価は日本とほぼ変わらない印象です。航空券だけが異常に高い状況でした（ただし、航空券代は為替、原油価格、需要動向で変わるので、常に高いとはいえませんが）。

出張中には、企業訪問と展示会視察を行ないましたが、展示会ではコロナの影響をまったく感じさせず盛況でした。

展示会では、人が多く集まるブースとそうでないブースがあり、人が多く集まるブースは飲み物（ソフトドリンクだけでなくワインも）と軽食が提供されていました。

これは、ラテン系特有の傾向なのでしょうか、スペインの展示会でとにかく人を多く集めたい場合は、（効果はともかく）飲食を提供することが有効であると認識させられました。

移動は車をチャーターしましたが、これも高額でした。公共の交通機関＋タクシー・ウーバーでもよかったように思います。

出張中は通しでスペイン語の通訳を頼みましたが、これは正解でした。スペインでは、英語を話す人はあまりおらず、通訳なしでのビジネスミーティングは難しかったでしょう。英語が通じないために通訳を頼む際には、通訳のレベルでビジネスの成否も変わってくることも認識しました。

著者が頼んだ通訳（国籍はスペインながら、外見・中身は完全に日本女性という方でした）は、勉強熱心で事前に製品知識やビジネスバックグラウンドを十分に勉強してくれていたので、ミーティングはスムーズに行なえました。

【2022年12月：タイ バンコク】

タイは、北米、ヨーロッパとまったく別世界で、この時期に及んでもコロナの規制が厳しい状況でした。日本よりも厳しいという印象です。

当然、街中では誰もがマスクをしています。一番驚いたのは、バンコク近郊のある企業を訪問した際に、まず会議室には通されたのですが、そこで抗原検査キットで検査をさせられ、陰性が確認された後に面談相手が現われたことです。

タイでは最近、英語ができる人の比率が上がってきているように思います。昔は、英語ができるといっても、よくわからない英語を話す人が多かったのですが、いまは若い人を中心にネイティブに近い英語を話す人が多い印象です。

今回は、通訳を頼みませんでしたが、タイ語のできる日本人コンサルタントが同行したので、英語がわからない面談相手の場合は、このコンサルタントに通訳を頼みました。タイでは、基本的には通訳は必要と思いますが、相手が英語がわかり、同行者に英語がわかる人がいれば、あえて通訳を頼まなくてもよいでしょう。

タイでのビジネスミーティングの際によく話題になるのが（今回の出張でも同様ですが）、模倣対策です。北米、ヨーロッパでは、まずそのような話は出ません。タイだけではなく、アジア全般にいえる話ですが、模倣対策は大きなビジネスイシューとなっています。

今回は出張の日程を通して、車をチャーターして企業訪問をしました。訪問先がバンコク市内以外であれば、車をチャーターして訪問先に行くのが原則でしょう。訪問先がバンコク市内であれば、公共交通機関やタクシーで問題ないと思います。

タイに限らずアジア諸国では、ビジネスにおいては訪問先へは車をチャーターして行くのが原則です（公共交通機関が発達していないこと、レンタカーを借りて自ら運転するのは日本人には難しいこと、によります）。

2-14 日本企業がよく陥る製品アピールの失敗事例

ＳＷＯＴ分析を行なっていないから失敗する!?

２－３項で「ＳＷＯＴ分析」について解説しました。

このなかで、製品の強みについて分析しましたが、日本国内で確固たる販売実績がある場合は当然、「なぜ国内市場で受け入れられているのか」という強みとしてあげているでしょう。しかし、それは**日本という市場においてだけの強み**である可能性があります。

ある企業が、環境にやさしく、廃棄物が発生しない（再利用可）、組立てが簡単で労務費が低コスト、という製品を開発しました。

国内では環境面・ＳＤＧｓを訴求し、コスト面で組立ての簡便性を訴求したプロモーションを行なって、顧客から支持され、売上を伸ばしました。その成功体験をもとに、同製品をベトナム、カンボジア等の東南アジア諸国で販売しようとしました。

ところがそれらの国々では、環境問題は社会問題ではありますが、問題解決に向けた取組みは、民間ベースではまず行なわれていません。また、それらの国々では労務費の水準も低く、組立てに係る人件費などは重要視されません。しかしその企業は、国内での成功体験から必ず売れるはずという想いで、それらの国々での販売を推進しました。その結果は言わずもがな、ということになりました。

自社の製品に対する愛着、想い、自信は大事なことですが、販売しようとする地域や国の市場の特性を考えないと、空回りになりかねません。

実はこの事例では、ＳＷＯＴ分析を行なっていませんでした。ＳＷＯＴ分析を行なって、外部環境（機会、脅威）を十分に分析していれば、そのようなことにはならなかったでしょう（この企業の場合、失われたのは販売活動に要した時間と渡航費などのコストだけで、損失は比較的軽微ではありましたが)。

このことからも、ＳＷＯＴ分析を行ない、内部環境（自社の強み・弱み）と外部環境（市場における機会・脅威）の抽出・分析が、いかに重要かがわかると思います。

海外の販売先との商談の際には、先方の市場に合わせて製品の一部改良・機能追加等を求められる場合があります。そのときに「それはできません」と即答する企業が少なくありません。できないと答える理由は、「コストがかかる」「手間がかかる」「そのような改善は必要ないのにそれを商談相手がわかっていない、と思っている」など、いろいろあるでしょう。

しかし、社内で再検討してみたら、「実は可能であった」「商談相手の求める機能はそのままではできないが、代替の方法があった」ということもよくあります。

もちろん、本当に不可能なこともありますが、商談相手は一度興味を失うと、後から「実はできます」と連絡しても、再検討の土俵にはまず乗せてくれません。人間の心理として１回ＮＧとしたものを再度検討し直す、というのはハードルが高いものです。それだけ**初回の面談の印象は重要**ということです。商談相手からの製品の一部改良・機能追加等の要求には、その場で断わらずに、「一度持ち帰って検討します」くらいはいっておいたほうがいいでしょう。

また、商談相手の要望に応じられない場合は、そのできない理由を探す・並べ立てる、といったことをする企業もあります。できない理由としては、「社内的に認められない」「仕入先・外注先との兼ね合いでできない」「日本国内の常識に反する」等々あります。

しかし、商談を行なうのは「成約に結びつける」という目標があってのことです。できない理由を探すということでは、成約に結びつけるのは難しくなります。「できない理由」ではなく、「**どうしたらできるかを考える**」ことが成約につながります。

結果的にできなかったとしても、そのような考えをもって取引に臨むことは、他社との商談においても役立つものとなるはずです。

2-15
ＥＣの活用のしかた

ＥＣプラットフォームの付帯サービスを利用する

手軽に低コストで、海外市場で製品を販売する方法として「**ＥＣ販売**」があります。ＥＣ販売については１－９項で解説しましたが、ここではＥＣ販売（越境ＥＣ）の具体的な活用方法と、各プラットフォームの特徴についてみていきます。

後述の２－20項で「マッチングサイト（オンライン展示会）」について解説しますが、マッチングサイトでもＥＣの機能を有しているものもあり、そちらとの区別が難しいですが、ここでは**B to CにおけるＥＣプラットフォーム**について解説します。

各プラットフォームには付帯サービスがあり、配送サービス、在庫管理サービス、海外向け決済サービス、マーケティング支援などのサービスが提供されています（提供されるサービスはプラットフォームによってさまざまで、サービスがない場合もあります）。

そのサービス内容は、プラットフォームによって違っています。ここでは代表的なプラットフォームである「Amazon」（アメリカ、ヨーロッパ、アジア太平洋、中東16か国のAmazonのマーケットプレイスに出品できるAmazonグローバルセリング）を例にとると、販売の手順は以下のようになっています。

- Amazonグローバルセリングに登録（登録したい地域・国のマーケットプレイスに登録）→ 販売したい商品を当該地域・国のマーケットプレイスに登録する

　⇩

- ＦＢＡ（フルフィルメント by Amazon）と呼ばれる任意の有料付帯サービスを利用する場合は、当該地域・国のＦＢＡ

センターと呼ばれる出荷センターへ在庫分の商品を発送する（Amazon指定の梱包形態による梱包、指定のバーコードを含んだラベルの添付、が必要）。ＦＢＡセンターへの発送はAmazonのＦＢＡパートナーキャリア（日本郵便のUGX FBA相乗り配送サービスなど）が利用できる。ＦＢＡを利用しない場合は、注文を受けてから顧客へ自社にて送付する。

⇩

●集客をする（スポンサー広告などを使って商品のアピールを行なう）

⇩

●顧客より注文

⇩

●商品の発送（ＦＢＡ利用の場合はＦＢＡセンターから顧客へ商品を発送する。ＦＢＡを利用しない場合は自社から海外の顧客へ商品を発送する（日本郵便のEMS、ＤＨＬなどを利用する））

⇩

●入金（相手国で開設した銀行口座へ入金するかAmazon海外口座送金サービス（ACCS）を利用して日本の銀行口座へ入金）

Amazonグローバルセリングを利用する場合は、上記のような流れとなりますが、他のプラットフォームを利用する場合は、それぞれのプラットフォームのルールに従って行なうことになります。

商品在庫については、相手国のプラットフォームの物流センターへ送付することが多いですが、日本国内の倉庫で受け入れることも可能としているプラットフォームもあります（東南アジア向けであるShopee、Lazadaなど）。

また、Amazonグローバルセリングを利用する場合は、ジェトロ

◎ＥＣ販売の主なプラットフォーム◎

ECプラットフォーム	展開国	強い地域	利用者数	特徴
Amazon	約20か国・地域	北米・欧州	２億人以上（2021年４月時点のプライム会員）	米国におけるECモール市場シェア１位40％（2021年）。
eBay	約190か国・地域	北米・欧州	1.42億人（2021年４月時点）	展開国が多く、それらの国の多くのバイヤーの目にとまる可能性。
Shopify	175か国以上の国・地域	北米・欧州	2021年末までに５億9,700万人が利用	カナダ発のプラットフォーム、サイト訪問者の約60％は男性、３分の１は25～34歳、ショップのカスタマイズ性・デザイン性が高い。
天猫国際（Tmall Global）	中国	同左	約８億人（2021年３月時点のアリババにおける過去１年のアクティブユーザー数）からアクセス可能	アリババ傘下。30歳以下の若い消費者が多い。自力出店は高額のため、パートナー企業のショップの形式を取ることも多い。
考拉海購	中国	同左		アリババ傘下。約80％が女性、19～35歳の消費者が多い。自力出店は高額のため、パートナー企業のショップの形式を取ることも多い。
京東国際	中国	同左	約５億人（2021年３月時点の過去１年のアクティブユーザー数）	直販とマーケットプレイスがあるが、直販では上記アリババグループを凌ぐ売上を誇る。独自の物流ネットワークにより配送スピードが早い。
Shopee	タイ、マレーシア、シンガポール、ベトナム、フィリピン、台湾、ブラジル等	タイ、マレーシア、シンガポール、ベトナム、フィリピン、台湾	アプリの総ダウンロード数は１億超	若年層中心（女性比率が高い）。日本国内の配送センターへ納入可、初期費用は無料、販売手数料も他に比べ格安。
Lazada	インドネシア、タイ、ベトナム、フィリピン、マレーシア、シンガポール	同左	月間訪問者数1.5億人（2021年９月現在）	アリババ傘下。若年層中心。日本国内の配送センターへ納入可、初期費用は無料、販売手数料も他に比べ格安。

とAmazonが協賛した「JAPAN STORE」という支援事業があります（2023年12月まで）。

「https://www.jetro.go.jp/services/amazon_japan_store.html」

この「JAPAN STORE」を利用すると、Amazonグローバルセリングを無料または格安で利用できます。

Amazonをはじめとしてグローバルに展開するＥＣ販売の主なプラットフォームを紹介しておくと、前ページ表のとおりです。

この表のいくつかのプラットフォームに対応する公的支援事業として「東京都越境ＥＣ出品支援事業」があります。これは、eBay、Tmall（天猫国際）、Wechatミニプログラム、Shopee台湾への出展をサポートする事業で、出展料は無料です。ただし、東京都に事業所のある企業のみが対象で、日本国内倉庫へ納入可、出店審査あり、不定期に募集あり、となっています。

ＥＣ販売におけるインフルエンサー・ＳＮＳの活用

まず、**インフルエンサー**に製品やサービスを試してもらい、その感想やレビューを記事や動画として公開してもらうように依頼します。

インフルエンサーのフォロワーは、インフルエンサーの意見に影響を受けることが多いため、信頼性のあるインフルエンサーが製品を紹介することで、購買意欲を高めることができます。

具体的には、インフルエンサーを活用することで以下の効果が期待できます。

【ターゲット顧客層にリーチ】

インフルエンサーは、自らのフォロワーをもっており、そのフォロワーがターゲット顧客層であれば、アクセスが容易となります。

つまり、自社の目標と合致するインフルエンサーを選択して、彼らのフォロワーに直接的にリーチすることで、効果的なブランドメッセージを届けることができます。

【インフルエンサーによる信頼獲得】

インフルエンサーは、自らのフォロワーに対して製品に関する情報を発信し、共感・信頼を獲得してくれます。

信頼性の高いインフルエンサーと提携することで、その信頼を借りて、自社の製品・ブランドも信頼性を高めることができます。

【製品・ブランドのイメージと共鳴】

インフルエンサーは、フォロワーとの間で特定の価値観を共有しています。インフルエンサーとの提携を通じて、自社の製品・ブランドイメージとフォロワーの関心を共有することができます。

このような共有により、フォロワーの感性に訴えて、ブランドに情緒的価値を付加することができます。

【ＳＮＳでの拡散力】

インフルエンサーは、ＳＮＳを活用して多くのフォロワーにアクセスしており、その拡散力により、製品・ブランドの存在感を高めることができます（ＳＮＳについては２－17項で解説します）。

インフルエンサーによる効果的なマーケティングを行なうためには、ターゲット顧客層のフォロワーをもっている適切なインフルエンサーを選択することが重要です。

適切なインフルエンサーを探すには、ＳＮＳで（ＳＮＳ内の検索機能やハッシュタグを使って）検索する、インフルエンサーの検索ツール（Followerwonk、iCON Suiteなど）を使う、キャスティング会社（インフルエンサーによるマーケティングやキャスティングを専門に行なっている業者）に依頼する、などの方法があります。

なお、インフルエンサーと似たような存在として「**アフィリエイト**」がありますが、アフィリエイトとインフルエンサーの違いについては、228ページを参照してください。

2-16

プロモーションのしかた①　カタログ

カタログは製品の信頼性や品質をアピールできる

「カタログ」は、顧客等に製品を紹介する際に、製品に関する情報を提供するために必要なもので、海外販路開拓においては重要な役割を担っています。

また、カタログは製品を紹介するだけでなく、製品の信頼性や品質をアピールするためのツールとしても有用です。

カタログに織り込むべき情報としては、以下のことがあげられます。

- **製品の概要**（製品の大まかな説明）
- **製品の用途**（どのような用途に使われるのか）
- **製品の特長**（競合製品との差別化ポイント）
- **製品の仕様**（性能数値、サイズ、材質などを記載する）
- **会社概要**（自社の概要、経営理念、歴史、コンタクト先などを記載する）

カタログは、海外市場向けなので、英語もしくは対象国の言語で作成する必要があります。対象国の母国語が英語以外の場合は、その国の言語で作成したカタログのほうが製品の訴求力が高まります。

カタログには「キャッチコピー」が必要

カタログに記載すべき情報として一番重要なのは、製品の特徴（差別化ポイント）を一言で伝える「キャッチコピー」を考えることです。

世の中には製品カタログがいくらも出回っており、それを熟読する人はあまりいません。そのなかから目にとめてもらって、カタログの内容を読み進んでもらうには、カタログを見た人に響く一目でわかる製品特徴のキャッチコピーが必要です。２－７項で検討した、「何を」を一言でアピールできるキャッチコピーを考えましょう。

同項で参考事例として紹介した「タイで美肌化粧品を販売する事例」で考えれば、「あなたの日常にJapan Beautyをお届けします」などが考えられます。これを英語にすれば「Delivering Japan-Beauty to your daily life!」、現地語（この場合はタイ語）にすれば「**มอบความงามแบบญี่ปุ่นให้กับชีวิตประจำวันของคุณ!**」をキャッチコピーとしてカタログのトップページに目立つように掲載します。

なお、ここで考えたキャッチコピーは、次項以降で解説するホームページやＳＮＳ、動画でも共通して使っていきます。

カタログは、国内だと紙媒体でつくる場合が多いですが、海外では**電子カタログ**のほうが一般的になりつつあります。

海外の展示会では、紙媒体のカタログは用意せず、電子カタログが格納されているサイトのＵＲＬをＱＲコード化して、そのＱＲコードで提供するだけの場合も多いです。概して紙媒体よりも電子カタログのほうが好まれます。

【電子カタログ作成アプリの例】

既存の紙ベースのカタログを電子化する電子カタログ作成アプリとして、「ebook5」（https://www.ebook5.net/）という電子カタログ作成サービスがあります。他にも同様のアプリは存在しますが、参考までに紹介しましょう。

「ebook5」を導入すると、カタログを電子化することができ、電子化されたカタログをクラウドサーバー上に格納できます。

電子化されたカタログが格納されたＵＲＬは、ＱＲコード化し、展示会出展時の来場者等にそのＱＲコードを提示することで、電子カタログをスマホ等で容易に閲覧することができます。

2-17
プロモーションのしかた②
ホームページ、SNS

海外販路開拓のために必要なホームページの機能とは

現代のビジネス環境では、ほとんどのビジネス参画者が製品やサービスの情報をインターネット上で収集します。

したがって、海外販路開拓のためには、自社ホームページでオンライン上における存在感を示し、顧客に訴求・アプローチする手段とすることが重要となります。

海外販路開拓のために必要となる、自社ホームページの機能としては以下のことがあげられます。

【多言語対応】

海外で製品販売をめざす以上は、英語もしくは対象国の言語によるホームページは必須といえます。カタログと同様、対象国の母国語が英語以外の場合は、その国の言語によるホームページを用意したほうが製品の訴求力が高まります。

【自社製品の情報発信】

魅力的なコンテンツを発信することで、顧客の関心を引きつけ、購買意欲を高めます。

【顧客とのコミュニケーション】

自社発の一方通行の情報発信ではなく、問い合わせフォームやチャット機能を含み、顧客からの質問や要望に迅速に対応できる双方向のコミュニケーションができることが必要です。

【検索エンジンによる可視性】

海外の検索エンジンで上位表示されるように、キーワードを選定して、ＳＥＯ対策を行ないます。

【ブランド構築】

単なる製品紹介だけではなく、自社や製品ブランドイメージを高めるコンテンツ（自社の企業価値や製品価値を視覚的・感覚的にアピールするコンテンツ）が必要です。

ほとんどの企業で、日本語の自社ホームページを開設しているでしょうが、英語等外国語のホームページを開設している企業は、そんなに多くないと思います。その場合に、まず取り組むべきは、ホームページの**多言語対応**ということになります。

すでに日本語の自社ホームページがあれば、上記の機能を満たすかどうか確認しましょう。もし不足があるようなら、外国語ホームページの制作に際して、上記機能が満たされるような改良も必要になります。

なお、自社で外国語ホームページをつくるやり方については、後述します。

ホームページの補完機能としてのＳＮＳ

最近では、ホームページの補完機能としてＳＮＳの存在も大きくなりつつあります。ホームページを補完するＳＮＳの機能としては、以下のことがあげられます。

【情報発信の効率化】

ＳＮＳで発信した情報をホームページに埋め込む（ホームページ上にＳＮＳサイトに誘導するリンクを貼り付ける）ことで、情報発信の効率化が図れます。

【コンテンツの拡充】

自社、顧客、インフルエンサー、アフィリエイト等がＳＮＳで投稿した写真や動画をホームページに掲載することで、コンテンツの充実が図れます。

【顧客とのコミュニケーション】

ＳＮＳで顧客からの質問や要望に対応することで、顧客とのコミュニケーションをより図ることができます。ホームページに同様の機能があったとしても、ＳＮＳでのコミュケーションのほうが利便性は高いです。

なお、自社のＳＮＳで情報発信するだけでなく、インフルエンサーやアフィリエイトを使って自社製品の情報発信をしてもらうことも有効です。

海外でよく使われるＳＮＳ

グローバルによく使われるＳＮＳとしては、「Facebook」「YouTube」「WhatsApp」「Instagram」「WeChat」「TikTok」 などがあります。ただし、国、地域によって偏りがあります。

グローバルによく使われるというわけではありせんが、「LINE」は日本、タイ、インドネシアでのユーザー数が多く、「X（旧Twitter）」も日本ではLINEに次ぐユーザー数、中国では「REDBOOK」が勢いを得ています。

対象国のＳＮＳのユーザー数や影響力によって、使うべきＳＮＳを決めましょう。

自社で外国語ホームページをつくるには

話をホームページに戻しますが、自社に日本語のホームページがある場合、それはホームページ制作業者に頼んでつくってもらっている場合が多いでしょう。

ホームページ制作業者は、「ＨＴＭＬ」と呼ばれるコンピュータ

【旧ホームページ】
HTMLで業者が作成（自社内にHTMLがわかる人材がいないと、業者に頼まない限り更新できない）

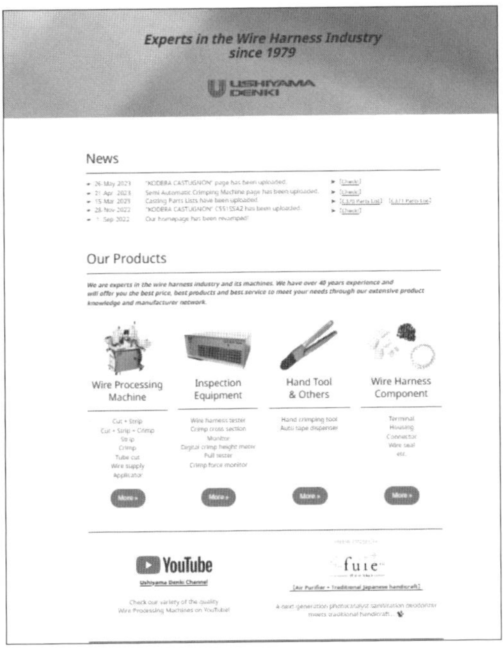

【新ホームページ】
Jimdoで自社にて作成（HTMLがわからなくても直感的な操作だけで作成可能で、頻繁に更新できる）

言語を使ってホームページ用のプログラムを書き上げて制作します。

英語／外国語のホームページをつくる場合、一般的には、「コンテンツを外国語へ翻訳（翻訳家へ依頼）→その翻訳コンテンツを使ってホームページ制作業者がＨＴＭＬでプログラミングしてホームページを制作→公開」という流れになります。ただし、これには相当な費用が必要となります。

こういった費用をかけずに、自社でホームページをつくるという方法があります。

自社でＨＴＭＬを使ってホームページ用のプログラムを書き上げるというのはハードルが高く、現実的ではありません。

しかし、ＨＴＭＬがわからなくても、簡単にホームページをつくる方法があるのです。

一例をあげれば、「ジンドゥー」（Jimdo）というオンラインホームページ作成サービスがあります。

Jimdoでは、ホームページの作成パーツをオンライン上で組み立てていくだけでホームページが作成できます。直感的な操作だけでホームページの作成が可能で、ＨＴＭＬの知識を必要としません。

同様のサービスとして「Wix」というサービスもあります。ほかにも「WordPress」というサービスもありますが、これは作成の難易度が上がります。

Jimdoには無料バージョンもありますが、ビジネスで使うのであれば有料のサービスを使うことをお勧めします。無料バージョンだと、機能が制限されたり、ＵＲＬに自社ドメインが使えない、といったデメリットがあるからです。

参考までに、前ページに既存の自社ホームページをJimdoを使って作成し直した企業の実例を紹介しておきます。

2-18
プロモーションのしかた③ 動画・YouTubeの活用

動画を制作してYouTubeにアップする

前項で解説したように、昨今はＳＮＳによる情報発信が増えていますが、ＳＮＳでの情報発信は、**「動画」**を組み合わせて行なうことが主流となっています。

動画は、視覚と聴覚を組み合わせたメディアであり、情報を効果的に伝えることができます。

動画のメリットは、テキスト文書や写真に比べて、**「発信する情報量が多く、受け手が理解しやすい」「記憶に残りやすい」**ということにあります。動画の記憶定着率は、テキストと比べて２倍あるともいわれています。

製品紹介の動画を活用することで、製品の機能、差別化のポイント、使用法などをわかりやすくデモンストレーションすることができ、これによって視聴者には、製品やサービスについてより具体的なイメージをもってもらうことができます。テキストでいくら言葉を尽くして説明しても、動画による情報発信効果には及びません。

そして、制作した製品紹介動画を**「YouTube」**にアップすれば、世界中の人々に視聴してもらうことが可能になります。

製品紹介動画の具体的な効果としては、以下のことがあげられます。

【販売候補先に対象商品への興味を持たせられる】

２－11項で解説したように、販売候補先へ販売勧誘のＥメールを送っても、返事がくることのほうが少ないです。

返事がくる確率を高めるためには、対象商品に興味をもってもらうことが必要ですが、そのためには動画が最も効果的です。販売候補先へ販売勧誘文を送る際には、動画がアップされているYouTubeのＵＲＬも一緒に案内することで、相手に動画を視聴してもらい、対象商品への興味をもってもらう可能性が高まります。

【使用方法・操作方法・組立方法の理解】

製品によっては、使用方法や操作方法が複雑であったり、使用前に組立てを必要とするものがあります。そのような場合に、カタログ等での説明では理解できないことが往々にしてあります。その辺のことがわからないと、製品への興味も湧きません。

動画であれば、そういった複雑な事柄の説明もわかりやすくすることができ、製品への興味をもってもらうことにもつながります。

【ブランドイメージの醸成】

動画は、ブランドのイメージや価値を感覚的に伝える手段としても有効です。

特に、「情緒的価値」を訴求する製品の場合は、前述の製品の機能的な説明だけではなく、製品・ブランドのイメージや価値をビジュアルと音楽、ナレーションなどの要素を組み合わせて、ブランドのストーリーを展開することもでき、より効果を発揮します。それによって、視聴者の共感を引き出すことで、ブランドの認知度や信頼度を高めることができます。

【ホームページ・ＳＮＳの補完】

動画がアップされているYouTubeのＵＲＬを自社ホームページ・ＳＮＳ上に掲載することで、ユーザーが容易に製品動画を視聴することが可能となります。

動画は一般的にシェアされやすく、ＳＮＳマーケティング（アフィリエイト・インフルエンサー等）を行なう場合には、ＳＮＳ上でのシェアや拡散が容易となります。

動画制作はだれがする？

動画制作は、制作業者に依頼するのが一般的ですが、動画編集アプリがあれば、自社でも作成可能です。

販売候補先へのコンタクトの初期段階で、製品の機能紹介が目的であれば、自社での動画制作でもかまわないでしょう。ただし、ブランドイメージの醸成も目的とするのであれば、顧客・ユーザーの感性に訴える必要もあり、完成度はそれなりに高いものが求められるので、制作業者に依頼するほうがよいでしょう。

なお、数か国が販売対象となり、使用言語も複数となる場合には、すべての対象国の言語バージョンをつくるよりも、ナレーションは英語（もしくは最優先国の言語）のみとし、その他の言語は画面上にテキスト表示する方法が現実的です。

制作費用を抑えたいのであれば、動画中の説明のナレーションのテキストをベースに自動翻訳してもよいでしょう。動画制作の際には外国語のナレーション費用は高額になるので、すべての言語によるナレーションとしなくてもよいと思います。

2-19

プロモーションのしかた④
展示会

展示会に出展すれば効率的に販売候補先を探せる

海外の「**展示会**」は、業界関係者とのネットワーキングを強化して、新しいビジネスコネクションを築くことで、販売店などのパートナー候補に対して、将来のビジネスの機会を見つけることができる場です。

展示会には、対象製品に興味をもってくれる可能性がある人たちが多く集まってきます。

2－10項で、販売候補先の探索方法を解説しましたが、展示会出展以外での販売候補先の探索方法は、「広い海で魚が集まっていそうな場所を探して釣り糸を垂れる」方法といえます。

一方、展示会出展による販売候補先の探索方法は、「**魚が集まる場所がわかっているので、そこで網を広げて魚を待つ**」という方法といえます。

つまり展示会出展は、他の方法に比べて、より効率的に販売候補先を探すことができます。

製品プロモーション効果も期待できる

潜在的に対象商品に興味をもってくれそうな層に対して、展示会の場では実際の製品をその場で見てもらえるわけですから、展示会出展は、販売候補先の探索方法であると同時に、以下にあげるような製品プロモーション効果も期待できます。

【製品認知度の向上】

業界関係者やメディア、潜在的な顧客に対して直接、製品を紹介する機会を提供し、製品の認知度を高めることができます。

【ブランドイメージの向上】

海外の展示会に出展することは、企業の国際的な姿勢や成熟度を示す一つの手段となります。展示会で感性に訴える展示ブースやプレゼンテーションを行なうことで、ブランドイメージを向上させることもできます。

事前準備とアフターフォローのしかた

展示会出展では、事前準備とアフターフォローが重要です。

展示会の来場者が、たまたま自社ブースを訪れてくれるということも期待できますが、やはり事前に来てくれそうな会社や担当者へ展示会出展の案内を送るべきです。

大規模な展示会の場合には、来場者はすべてのブースを見て回れるものでもないので、本来、対象製品に興味を示してくれる人が自社ブースに来てくれる機会を逃す可能性も高いです。その機会損失を防止するためにも、事前の案内は必須です。同時に、自社ホームページやＳＮＳで展示会出展の案内もします。

また、来場者からは、単に名刺をもらうだけでなく、面談時の「**情報収集シート**」を用意しておき、相手先の情報収集をしましょう。次ページに、情報収集シートの参考例を載せておきました。

来場者とは、その場ですぐに商談となることもあり得ます。したがって、製品の価格情報（できれば価格表（プライスリスト）、少なくとも日本でのＦＯＢ（ＦＡＳ）価格）は、その場で提示できるようにしましょう。

また、２－７項をもとに「誰に」「何を」「どのように」販売していくかという戦略を策定したわけですが、これはあくまでも仮説です。来場者と話をする際は、この戦略を頭に入れながら、相手から情報を引き出し、この仮説が正しいかどうかの検証をしましょう。

特に、「誰に」で想定したターゲット顧客層については、こちらの考えを話して、相手の意見を聞いてみることも重要です（相手は

◎展示会での「来場者情報収集シート」の例◎

○○○○展示会来場者情報収集シート

名刺貼付け

■ 担当者

■ 開催日：

■ 顧客情報

（会社名）

（部署／役職）

（氏名）

（連絡先）

■ ○○国拠点有無：　有　・　無

■ 商談化見込みランク：　A　・　B　・　C

A）具体的な商談あり

B）顕在化した案件はないが、アフターフォローの必要あり

C）情報収集程度。個別フォローの必要なし（お礼のメールのみ）

■ 業種

■ 来場目的

■ 製品のどこに興味をもったか

■ 課題・困りごと・ニーズ

自分たちよりその市場の情報に精通しているはずですから、その意見を聞いてみることは大いに役立ちます)。

展示会の来場者に対するアフターフォローが必要な理由は、将来的に商談化・案件獲得につながる見込み顧客を増やすためです。すぐに商談化や受注にはつながらなくても、アフターフォローを行なっておくことで、「将来的に商談化・案件獲得につながる見込み顧客」にはなり得ます。

展示会で自社ブースを訪問してくれた販売候補先には、なるべく早く**Eメール等でお礼の連絡**をしましょう。

商談化の見込みが高い顧客(左の情報収集シートでは「A」「B」ランクの来場者)には、単なるお礼だけではなく、具体的に次のステップにつなげられるようなアプローチをしましょう。

アプローチの方法はいろいろ考えられますが、たとえば以下のような提案をしてみることが考えられます。

- **詳細説明のためのオンライン商談の提案**…展示会場で答えられなかったような相手先固有の問題の解決策の提示、技術的説明、使用方法などの詳細説明、価格についての具体的な提示等
- **製品サンプルの提供**…見込みのありそうな相手には、無償あるいは特別割引価格によるサンプル提供の提案
- 対象商品へのニーズが顕在化していない相手には、**課題を顕在化させるのに役立つ情報**の提供

ここで大事なことは、来訪客と面談する際には、相手の課題(困りごと)を聞き出しておくことです。

情報収集シートには、相手の課題を記載する欄を設けて、その場で応対者が書きとめておくようにしましょう。

その課題を解決できるような提案ができれば、その案件が具体化する可能性が高まります。

◎世界最大級の展示会場ドイツハノーバーメッセでの展示会◎

展示会場のマップ

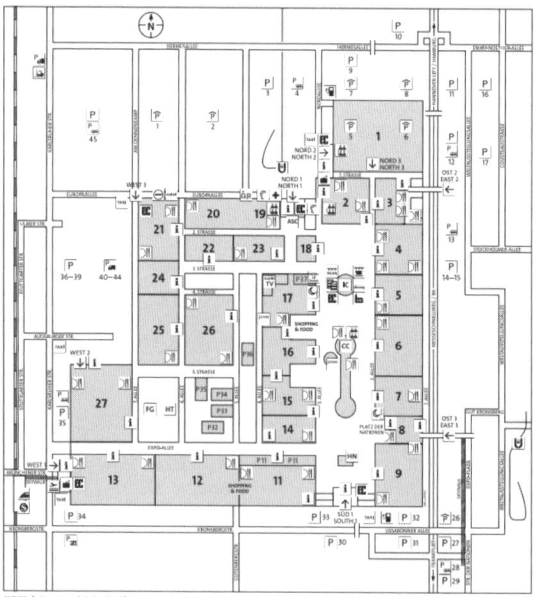

展示会建屋はいくつもあり、広大。全建屋を使うような大展示会の場合は、1日では全ブースを回り切れない。

（出所：ハノーバーメッセホームページ）

どのように対象製品にマッチした展示会を探すか

展示会はさまざまな分野別に、いろいろな国で開催されます。そのなかからどの展示会が自社の製品、販売対象地域・国にマッチしているのかを探索し、出展するべき展示会を特定する必要があります。

それには、ジェトロの展示会情報（https://www.jetro.go.jp/j-messe/）などを参考にするとよいでしょう。

ただし、「ジェトロの展示会情報」では、世界中すべての展示会を網羅しているわけではありません。「ジェトロの展示会情報」で、これだという展示会が見つからない場合は、適切な（英語もしくは対象国の言語による）キーワードを考えてネットで検索してみると、見つかる可能性があります。

2-20

プロモーションのしかた⑤ ビジネスマッチングサイト

展示会より活用機会が多い

前項で展示会について解説しましたが、展示会は売り手、買い手、業界の関係者が集まる出会いの場といえます。

しかし、展示会は開催期間が限定的です。一般的に、1～2年に一度くらいの頻度で開催されます。

常設の出会いの場を提供するものとして、ウェブ上での「**ビジネスマッチングサイト**」があります。

ビジネスマッチングサイトでは、自分が興味のある企業や製品を登録企業のなかから探し出して、コンタクトすることによってマッチングを成立させるものです。

そこで、海外の販売候補先に出会える可能性のある主なビジネスマッチングサイト（「オンライン展示会」とも呼ばれます）として、いくつかを以下に紹介しましょう。ここで紹介する以外にも、ビジネスマッチングサイトは多数あるので、国、地域、業界、製品で最適なサイトを探索してみてください。

【Virtual Expo】（https://www.virtual-expo.com/）

フランス発の製造業専門のB to Bオンラインプラットフォームで、約4万社のサプライヤーが出展し、その規模は欧州最大級といわれています。月間の訪問者数は約1,170万人、利用バイヤーは約990万人です。

出展できる企業は製造業に限られますが、機械、建築、造船、医療、農機、航空の6分野に特化されているので、自社製品がその6分野に属していて、かつ欧州での販売を検討しているのであれば、最適であるといえます（欧州バイヤーが半数以上を占める）。

出展料は安くはありませんが、ジェトロで定期的に支援プログラムを募集しており、そのスキームを活用すれば、低価格での出展が可能です。ただし、言語は英語に限られます。

【ThomasNet.com】（https://www.thomasnet.com/）

1,000 万人とされる登録者数を抱える北米最大のB to Bポータルです。30のカテゴリーがあり、そのどれかに登録してバイヤーからの引合いを待つしくみです。

北米と取引するためのプラットフォームとして活用できます。言語は英語に限られます。会員のレベルに合わせて、費用は無料～475ドルと、サービスの内容によって異なります。

【Alibaba.com】（https://www.b2b.alibaba.co.jp/）

アリババグループが運営する、世界中のサプライヤーとバイヤーのための世界最大級のサイトで、200以上の国・地域のバイヤーがアクセスできるB to B向けのオンライン展示会です。

ジェトロで不定期に支援プログラムを募集しており、そのスキームを活用すれば、低価格での出展が可能です。言語は英語に限られます。なお、2023年5月までは出展支援プログラムの募集がありましたが、それ以降については未定となっています（2023年9月現在）。

【TradeIndia】（https://www.tradeindia.com/）

1,000 万人を超える登録ユーザーを抱えるとされるインド最大のB to Bポータルです。インドと取引するためのプラットフォームとして活用できます。言語は英語に限られます。

【e-Venue】

（https://e-venue.jetro.go.jp/bizportal/s/?language=ja）

ジェトロが運営する世界160か国以上・約2万人のユーザーが利用している国際ビジネスマッチングサイトで、日本語と英語による閲覧が可能です。登録は無料でできます。業種・製品に制限はないので、幅広いユーザーにＰＲする場合には向いています。

【JAFEX】（https://e-venue.jetro.go.jp/bizportal/s/SearchSpecific?language=ja）

ジェトロが運営するe-Venue内にある日本産農林水産物・食品の輸出に特化したマッチングサイトで、輸出に役立つ各国の情報やマーケティング基礎情報、現地市場価格調査、輸出品目別レポートなども掲載されています。登録は無料でできます。

【ジェグテック】（J-GoodTech）

（https://jgoodtech.smrj.go.jp/pub/ja/）

中小企業基盤整備機構（中小機構）が運営する、日本の中小企業と国内大手企業・海外企業をつなぐビジネスマッチングサイトです。自社専用のページを掲載することができ、自社製品のＰＲができます。

ただし、海外販路開拓専用というわけではなく、英語翻訳サービスを利用することで、世界中の企業が検索できるしくみとなっています。登録は無料でできます。

ジェグテックのタイ版として「T-GoodTech」があります。これは、タイの中小企業をグローバルバリューチェーンに参画させるため、タイ工業省産業振興局（ＤＩＰ）と日本の中小機構が協力して開発したデジタルプラットフォームです。ただし、登録はタイ法人に限られ、日本企業は登録できないので、用途は販売候補先の探索に限られます。

2-21

プロモーションのしかた⑥ ブランディング

ブランドとは何か

「**ブランド**」とは、製品、サービス、企業、団体、個人などを識別し、差別化するために使用されるブランド名、ロゴ、シンボル、商標、デザイン、パッケージなどの要素の総体をいいます。

ブランドには、「**保証機能**」(誰によってつくられたかを明確化し、製品やサービスの品質や性能の責任を保証する)、「**識別機能**」(他社のものとは差別化されていることを示す)、「**想起機能**」(特有の知識や感情、イメージを想起させる)という3つの機能があります。

そして、その3つの機能を通じて、顧客や市場に対して特定のイメージ、価値、信頼を伝えることを目的としています。

ブランドは、顧客の心に印象を残し、製品やサービスの購買決定に影響を与える重要な要素なのです。

ブランディングに必要なこと

「**ブランディング**」とは、そのブランドを構築、強化、管理するための戦略的な活動やプロセスのことを指します。ブランディングによって、それらの機能を高め、競合製品との差別化を図ります。

そうすることによって、顧客のロイヤリティや共感性を最大限に高め、ブランド価値を確立します。ブランディングは、B to C製品の場合に特に重要です。

では、ブランディングには何が必要かというと、以下のことがあげられます。

【ネーミング】

製品名、ブランド名を決めます。国内で使われている製品名、ブランド名をそのまま使う場合もありますが、海外全般向けまたは特定国向けに、新たにネーミングする場合もあります。

ネーミングで重要なことは、「ひと目見て商品の特徴がわかる」「顧客が新鮮さを感じる」「ターゲット顧客が言いやすい」「対象国において言語面、文化面、宗教面等でネガティブなイメージをもたれない」といったことです。

国内で使われている製品名、ブランド名をそのまま海外へもっていった場合に、これらの条件を満たさないようであれば、条件を満たす新たな製品名、ブランド名を考えましょう。

日本と海外でブランド名を使い分けている一例をあげておくと、以下のとおりです。

<アサヒ飲料の場合>

国内で「CALPIS」、海外（北米、一部アジア）では「CALPICO」（英語で「piss」は排泄物を意味してイメージが悪いため）。

<グリコの場合>

国内で「Pocky」、海外（欧州）では「MIKADO」（日本というイメージを訴求したイメージ戦略）。

【ブランドロゴ】

「ブランドロゴ」とは、企業や製品、サービスの象徴をデザインに落とし込んだロゴマークのことです。ロゴは、企業や製品、サービスの想いやコンセプトを込めたものをデザイン化します。

ロゴには、図形などで表わされる「**シンボルマーク**」と、ブランド名などを文字で表わした「**ロゴタイプ**」があり、それぞれ単独でロゴにする場合と、組み合わせて使われる場合があります。

ブランド名により企業・製品の認知度を高めたり、顧客の印象に残りやすくする、企業・製品イメージの形成、といった効果が得られます。ブランドロゴは必ず必要というわけではありませんが、ブランド名による効果を補完するものといえます。

人間は文字よりも絵や画像のほうが記憶に残りやすいという性質

をもっています。「画像優位性効果」と呼ばれる現象により、文字のみの情報よりも、画像を含んだ学習のほうが内容を想起しやすく、記憶にも残りやすいとされています。そのため、製品のイメージを顧客に刷り込むには、ロゴがあるほうが有利です。

【商標登録】（ブランド名・ブランドロゴ）

前述したように、ブランド名、ブランドロゴは製品のブランディングのためには非常に重要な要素です。しかし、「商標登録」しておかないと、他者が誰でも使えてしまうことになります。

商標登録をすれば、登録した商標を独占的に使用することができ、他者による使用を禁止することができます。この場合、完全に同じ商標の使用を禁止するだけではなく、類似するものも使用できなくなります。

先に商標登録を出願したものが権利者となるので（先願主義）、ブランド名・ブランドロゴを商標登録しないままで公開していたりすると、誰かに先願されてしまうリスクがあります。ブランド名・ブランドロゴは、公開する前に登録出願するようにしましょう。

商標登録をする際には、文字商標（文字からなる商標でブランド名のみの場合）で登録するか、ロゴ商標で登録するか、両方を登録するかを選ぶことができます。

ロゴの右上に®（**マルR／Rマーク**）が付いているのを見たことがあると思いますが、この®は、「Registered Trademark」（登録商標）を意味する記号であり、このシンボルマークが商標として登録されていることを示すものです。

なお、日本で登録した商標権は、日本国内でしか有効ではなく、海外では保護されません。商標登録を海外でも有効とするには、各国の政府機関（日本の特許庁に相当する機関）にそれぞれ直接、個別に出願する方法と、日本国内で**マドプロ出願**（国際条約である「マドリッド協定議定書」のスキームによる出願）をする方法があります。

マドプロ出願は、日本における商標登録（または、商標出願）をもとにして、日本の特許庁に英語で作成した願書等を提出することで、複数国に一括して出願した効果が得られます。出願手続きが簡素化できる、多くの国に商標登録する場合は個別出願に比べて費用が安くなる、というメリットがあります。

ただし、少数の国（数か国程度）だけにしか出願しない場合は、かえって個別出願より高くなる場合もあります。

通常、商標登録は弁理士（事務所）に出願手続きを依頼して行ないます。

【パッケージデザイン】

「パッケージ」は、製品のコア（中心の便益）ではなく、形態（製品の実体、製品の特性を構成する価値）ですが（71ページ参照）、製品・ブランドの魅力やブランドのアイデンティティを伝えるという付加価値を与えるブランディングの重要な要素です。

その理由としては、以下のことがあげられます。

- **消費者の選択に影響を与える**…パッケージのデザインや情報がわかりやすい魅力的なパッケージは、購買欲求を刺激します。製品の特徴や利点を伝える役割も果たします。ただし、顧客の感性は国、地域によって違う場合もあるので、国や地域の特性を考慮することも必要です。
- **視覚的なインパクト**…魅力的で目を引くデザインや色彩によるパッケージは、商品を他の競合製品から区別し、顧客の目にとまりやすくし、視覚的なインパクトで製品・ブランドの価値を伝える役割を果たします。
- **ブランドアイデンティティの表現**…パッケージは、ブランドのアイデンティティやポジショニングを表現するための重要な手段です。ブランドのロゴ、スローガン、色彩、フォントなど、ブランドの要素をパッケージに組み込むことで、ブランドの一貫性を確保し、顧客に製品・ブランドの魅力・特徴を伝えることができます。

＜国・地域に合わせたパッケージデザインの例＞

ある日本酒メーカーが、ベトナムで自社製品を販売した際に、その製品ラベルは（日本で使用しているものとは異なる）桜をイメージした赤系のものにしました。これは、ベトナム人は赤系が好きであったこと、日本をイメージするものにしたかったこと（ベトナム人は日本のものが好き）、が理由だからですが、このラベルがベトナム人に人気となり、売上が大きく伸びました。

【動画の活用】

２－18項で動画の活用について解説したように、動画はブランドのイメージや価値を感覚的に伝える手段としても有効です。

動画を活用してブランドのストーリーを展開することで、視聴者の共感を引き出すことができますし、ブランドの認知度や信頼度を高めることもできます。

【インフルエンサー・ＳＮＳを活用したブランディング】

２－15項でＥＣ販売におけるインフルエンサーの活用、そして２－17項でＳＮＳを活用した自社製品の情報発信について解説しました。

インフルエンサーは、フォロワーの感性に訴えて、精神的な付加価値を提供することに優れており、ブランディングにおいても活用できます。インフルエンサーは、ＳＮＳ上で多くのフォロワーにアクセスしており、その拡散力によって、製品・ブランドの存在感を高めることができます。

2-22 信用調査のしかた

信用調査はなぜ必要なのか

販売候補先から販売店契約締結の打診があったり、注文をもらえれば、それまでの営業努力が実ったわけですから、嬉しいものです。

しかし、相手先企業は海外にあり、その段階ではまだ会社内容もよくわかっていないはずです。

販売店契約などを結ぶ際には、相手先に相手国での独占販売権を与えることが多いですが、後で相手先が信用性や支払い能力に問題があることがわかっても、契約が有効である以上、どうしようもありません。そこで、事前に相手先企業の「信用調査」を行なうべきです。

信用調査によって、相手先企業の財務諸表や経営指標を調査し、企業の健全性や持続可能性を判断することができます。これにより、将来の取引パートナーとしての安定性や信頼性を評価することができます。

海外企業の信用調査は信用調査機関を使って行なう

信用調査は、信頼性のある取引パートナーの選定やリスク管理に役立ち、ビジネスの安定性と成功に寄与するものです。

海外企業の信用調査を行なうには、以下のような信用調査機関を使って行ないます。

【D＆Bレポート】

米国のダン・アンド・ブラッドストリート（D＆B）が提供する、世界中で最も利用されている企業情報レポートです。

このレポートは、企業概要や特記事項、支払いリスク情報、財務情報、その他の調査項目から構成され、全世界240超の国と地域をカバーしており、D＆B独自の信用格付から経営沿革まで幅広い企業情報を網羅しています。日本では東京商工リサーチ等から申し込むことができます。

【コファス】（cofas）

コファスは、フランスの輸出信用機関の役割をもつ、取引信用保険を取り扱う損害保険会社ですが、世界各国の海外企業調査レポート（法人形態、沿革、所有者（株主）、経営活動、業務内容、財務情報等）を提供するサービスも行なっています。

ジェトロの有料会員（ジェトロメンバーズ）になると、格安料金で利用可能です。

そのほか、東京商工会議所では、東京商工リサーチ・帝国データバンクが収集した国内・海外の企業信用調査レポートを提供するサービスを行なっています（既存データがない場合の新規調査にも対応）。

なお、注意事項として、信用調査をした企業が本当にいままでやり取りをしていた企業であるかの確認は必要です。

連絡を取り合っている相手の住所、電話番号、E-mailアドレス、役員名等が信用調査レポートと一致しているかどうかを必ず確認しましょう。

たとえば、やり取りをしていた相手が、実は当該会社に所属する役員、社員ではなかった、という「なりすまし」の事例もあるので注意が必要です。

2-23

契約のしかた①
契約書の種類

契約を交わすことの重要性

商談を進めた結果、商談相手との間で大筋の取引条件が合意に達すれば、「**契約**」を交わすことになります。海外取引において、契約書は、取引条件を定義・明確化する、法的保護を確保する、という観点から非常に重要です。

海外取引における「契約」とは、相手国の法的要件、文化的要件により、さまざまな解釈があります。日本で一般的に考えられる「契約」とは異なる場合もあります。

また、国際間取引では、商習慣などの違いによる問題が起こることも多く、取引上のトラブルを回避するためにも、相手方と書面で条件を定めることは、非常に重要です。

ちなみに、日本企業は国内取引において、契約書なしで継続的な取引を行なっているケースがよくあります。

そこで、同様の観点で海外取引においても、お互いの信頼関係にもとづいてジェントルマンズ・アグリーメント（口頭での合意）ですまそうとする場合があります。

しかしこれは、後々問題が起こり得る可能性が高く、避けるべき行動です。いまは信頼関係があっても、相手側の経営者が変わったり、自社の状況が変わり、契約を解除したくなっても、その解除条件が不明であったり、経済・社会環境の変化により想定外の事態が発生したり等々、種々の問題が発生する可能性があります。

契約書のなかで、将来想定される事態を極力網羅し、その際に双方がどのように行動すべきかを定めて、将来に紛争が起こるリスクを低減しておくべきです。

契約書の主な種類

海外企業と取り交わす契約書の主な種類としては、以下のものがあります。

【販売店契約・販売代理店契約書】

（Distributorship Agreement・Agency Agreement）

販売店（Distributor）や販売代理店（Agent）との間で、商品やサービスの販売に関する契約を定める文書です。価格、数量、品質基準、納期、支払い条件などの取引条件が記載されます。

◎販売店契約とリスク負担等◎

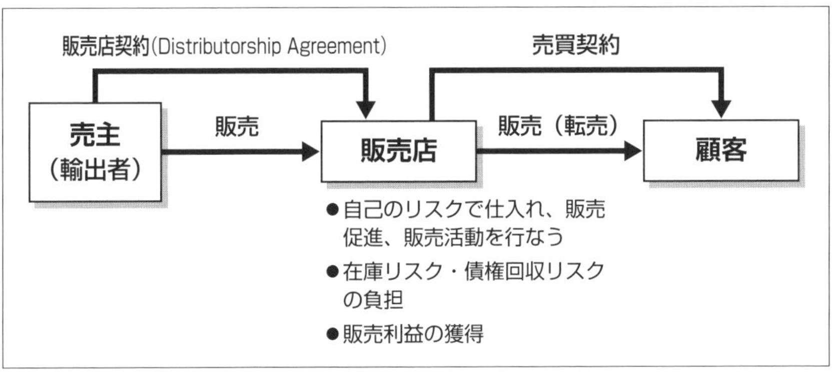

◎販売代理店契約とリスク負担等◎

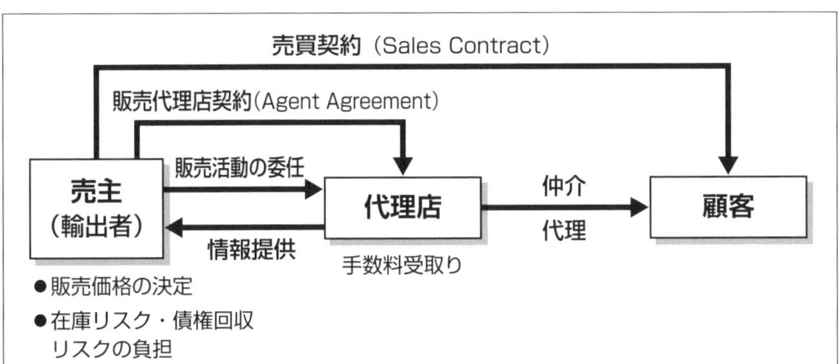

販売店契約・販売代理店契約には、対象国・地域での独占販売を認める「**独占販売店契約**」(Exclusive Distributorship Agreement)と、独占販売を認めない「**非独占販売店契約**」(Non Exclusive Distributorship Agreement) とがあります。

販売店と販売代理店の違いについては1－4項で解説していますが、販売店は貴社 (サプライヤー・売主) から製品を購入して顧客に販売する者で、販売代理店は、貴社と顧客との売買契約の締結を手助けする者ということになります。

貴社と販売店との間の契約は「**売買契約**」であり、貴社と販売代理店との間の契約は「**委任契約**」または「**準委任契約**」です。このうちどれに該当するかによって、契約条項が大きく異なってきます(145～154ページに販売店契約書の例を掲載しています)。

販売店と販売代理店における責任の所在、リスク負担については前ページ図のとおりです。

【販売基本契約書】 (Basic Sale Agreement)

製品を販売する場合、単発的に契約を結ぶこと (**売買契約書**：Sales Agreement) も可能ですが、継続的に販売することも一般的です (Sales Agreementについては3－2項で解説します)。

そのような場合に、そのつど売買契約書を交わすのは煩雑なため、大枠を合意しておき、個々の契約は発注書と受注書のやりとりだけで済ませるというしくみにすることがあります。

その「大枠」を定めるのが「販売基本契約書」で、発注・受注の方法、物品の引渡方法、代金の支払方法、物品の保証などについて定めます。

販売基本契約は販売店との間ではなく、ユーザーとの間で結ばれることが一般的です。販売店との間で「販売店契約」(Distributorship Agreement) が締結されていれば、販売基本契約は必要ありませんが、販売店を介さずユーザーに直接、販売していく際には、販売基本契約もしくは個別契約 (売買契約書) が必要となります。

【セールスレップ契約書】（Sales Representative Agreement）

セールスレップを活用する場合に、セールスレップとの間で締結する契約のことを指します。セールスレップを活用する場合には、この契約書が必ず必要です。

この契約を結ぶことにより、セールスレップは特定の製品やサービスを販売し、その売上に対して報酬を受け取ることができます。

セールスレップ契約では、どのような営業活動を行なうか（ルート営業だけなのか、ＥＣ販売も含むのかなど）、独占地域・国、契約期間、コミッション料率、取扱製品、終了条項などを定めます。

セールスレップを活用するのは、対アメリカの場合がほとんどなので、準拠法はどの州の法律にするのかも定めます。

【フランチャイズ契約書】（Franchise Agreement）

ブランドやビジネスモデルの対象国・地域における、フランチャイズ展開に関する契約を定める契約書です。フランチャイズの権利と義務、費用、サポート体制などが取り決められます。

【ライセンス契約書】（License Agreement）

特許、商標、著作権などの知的財産権の使用や利用、その対価としてのロイヤリティに関する事項を定める契約書です。使用条件、ロイヤリティ、契約期間などが明記されます。

技術を提供して、供与された技術を用いた製品の製造、販売を行なう場合には、技術の供与者（ライセンサー）と被供与者（ライセンシー）との間で「**技術ライセンス契約**」（Technical License Agreement）を交わします。

ライセンサーは、どのような範囲、条件で技術を実施する許諾をライセンシーに与えるのか、その対価としてのロイヤリティに関する事項を定める契約書です。

【合弁契約書】（Joint Venture Agreement）

２つ以上の企業が、共同で事業を展開するための条件を定める契約書です。出資比率、経営権の分担、利益分配、契約期間などが明示されます。

対象国で現地パートナーに出資をしてもらい、販売会社等を合弁で設立する際などにも必要となる契約書です。

【秘密保持契約書】（Non-Disclosure Agreement）

一方の当事者が他方の当事者に対し、秘密情報を開示し、その他方の当事者に対し、当該秘密情報を第三者に開示しない旨を義務づけるための契約書です。

秘密保持契約はＮＤＡ（Non-Disclosure Agreement）とも呼ばれますが、155～157ページに秘密保持契約書の一例を掲載しています。

ＮＤＡは独立して締結されるのではなく、契約の交渉に入る前の段階で締結されるなど、別の契約に関連して締結されることも多い契約です。

たとえば、製品サンプルを販売店候補へ提供し、相手がその製品を評価して、販売店契約を交わすかどうかを検討する段階で、ＮＤＡを締結します。製品サンプルを提供することで、相手側が技術情報やノウハウを得られてもそれを第三者に開示しないことを義務づけるものです。

また、このＮＤＡに係る条項を販売店契約書など他の契約書に入れることで、ＮＤＡと同様の効力をもちます（その場合は、別途ＮＤＡを交わす必要はありません）。

なお、上記にあげたものなどの各種契約書のひな型は、日本商事仲裁協会（https://www.jcaa.or.jp/publication/contract.html）より購入することが可能です（日本語訳あり）。

◎「販売店契約書」(Distributorship Agreement) の例◎

DISTRIBUTORSHIP AGREEMENT

This Distributorship Agreement (the "Agreement") is made and entered into [mm/dd/yyyy] (the "Effective Date"), by and between XXXXXX CO., LTD., a company incorporated and existing under the laws of Japan, having its registered office at ,
Tokyo, Japan (hereinafter referred to as the "Company"),
AND
YYYYY Ltd.,a company incorporated and existing under the lawsof Canada, having its registered office at , Canada (hereinafter referred to as "Distributor"),
(The Company and the Distributor are hereinafter each referred to individually as a "Party" and collectively as the "Parties")

WITNESSETH:
WHEREAS, the Company is offering the distributorship rights of the Products (as defined hereinafter) within the Territory (as defined hereinafter) to the Distributor.

WHEREAS, the Distributor is willing to act as an exclusive distributor of the Company in the sale and marketing of the Products (as defined hereinafter) within the Territory, throughout the period hereinafter more particularly specified;

WHEREAS, the Parties are now desirous of entering into this Agreement to record and define their mutual rights and obligations in relation to the non-exclusive distributorship of the Products in the Territory.

NOW THEREFORE, for and in consideration of the covenants and agreements herein contained, the Parties hereby agree as follows:

1. PRODUCTS
The products to be distributed by the Distributor under this Agreement shall be the products set out in Annexure 1 and any other products which are mutually agreed upon from time to time by the Parties in writing (the "Products").

2. TERRITORY
The geographical territory covered under this Agreement shall be confined to the whole territory of western half of Canada such as the province of Alberta, British Columbia、Saskatchewan, Yukon and Northwest Territories only (the "Territory"). However,in case that Clause 10.1 is applied, this agreement shall be applicable for

nations or regions outside of Territory.

3. APPOINTMENT

On and from the Effective Date, subject to the terms and conditions of this Agreement, the Company appoints the Distributor as its
exclusive distributor for the sale and marketing of the Products within the Territory and the Distributor accepts this appointment.

4. RELATIONSHIP OF THE PARTIES

The Parties are independent contractors. The Distributor shall engage in the sale and marketing of the Products for its own account and risk and as an independent contractor. Nothing contained herein shall be construed or deemed to make the Parties a joint venture, a partnership or any other business entity, nor to constitute the Distributor an agentor employee of the Company.

5. PRICE

The price of the Products (the "Price") shall be mutually agreed upon from time to time by the Parties in writing. The Price excludes all sales, value added and other taxes and duties imposed with respect to the sale or use of any Products covered hereby, all of which taxes and duties must be paid by the Distributor. The Price may be reviewed and renewed every six months by mutual agreement of the Parties. The Price or a renewed Price provided for herein shall be subject to adjustment to the extent of:
(a) any increase in export or import surcharges or other governmental charges, insurance premiums or freight rates, which become effective after determination of the Price or revised Price and is payable by either Party hereto; and
(b) any increase in the cost of manufacture of the Products substantially caused by any extraordinary increase in the price of petroleum products, fuel or energy sources or other raw materials which could not have been foreseen at the time of the determination of the Price or renewed Price.

6. PURCHASE OF THE PRODUCTS

6.1. If necessary, the Company shall provide the Distributor with a list of available Products, by email or postal mail to the Distributor.
6.2. The Distributor may, at any time it desires to purchase the Products, place a purchase order of the Products (the "Purchase Order") to the Company by email or postal mail. Each Purchase Order shall include (i) the name and volume of the Products to be purchased and (ii) request of shipping schedule.
6.3. No Purchase Order shall be binding on either Party unless and until an acceptance letter of the Company (the "Acceptance Letter") pursuant thereto is

received by the Distributor by email or postal mail. Each Acceptance Letter shall include (i) the name of the Products to be purchased, (ii) the accepted volume, (iii) the total price and a breakdown thereof and (iv) the expected shipping schedule of such Products.
6.4. The Purchase Order shall constitute a firm order of the Products after the receipt of the Acceptance Letter by the Distributor and may not be cancelled by the Distributor without a written consent of the Company.

7. DELIVERY
7.1. Delivery of the Products shall be made in accordance with the relevant Purchase Order acceptedby the Company pursuant to Clause 6.3 above.
7.2. The Products will be shipped to the destination as specified in the Purchase Order at the terms of FCA Japanese port or at the shipping location mutually agreed by the Parties. The Company reserves the right to stop delivery of the Products in transit and to withhold shipments in whole or in part if the Distributor fails to perform its obligations hereunder. All shipping dates are approximate only, and the Company will not be liable for any loss or damage resulting from any delay in delivery or failure to deliver which is due to any cause beyond the Company's reasonable control.
7.3. Notwithstanding the trade terms indicated above and subject to the Company's right to stop delivery of Products in transit, title to and risk of loss of the Products will pass to the Distributor upon delivery of possession of the Products by the Company to the carrier.
7.4. The Distributor shall inspect the delivered Products as soon as reasonably possible and in any event withinfive (5) Business Days (the "Time Limit for Inspection") after the relevant Products are delivered to the Distributor. For the purpose of this Agreement, "Business Day" shall mean a day on which banks are open in Canada.
7.5. If the Distributor finds any shortage in the delivered Products, as compared to the relevant Purchase Order accepted by the Company, or any defects of the Products, the Distributor shall notify the Company thereof not later than five (5) Business Days after the Time Limit for Inspection (the "Notification Period"). If the Company does not receive a notice prior to the expiration of the Notification Period, the Distributor shall be deemed to have accepted the delivered Products and no claim of shortage or defects of the Products shall be accepted thereafter.
7.6. If the Company receives a notice prior to the expiration of the Notification Period and there are shortages or defects of the Products in the delivery under the relevant Purchase Order, the Company shall deliver the necessary volume of the Products to replenish such shortage or replace such defective Products within a reasonable period. Notwithstanding any other provisions herein contrary to this Clause 7.6, such replenishment or replacement shall be the sole and exclusive remedies available to

the Distributor for any such shortages or defects.
7.7. The cost of the delivery shall be borne by the Distributor.

8. PAYMENT
8.1. Payment of the Product price from the Distributor to the Company shall be made using the Irrevocable Letter of Credit at sight (the "Letter of Credit"). The Distributor shall issue the Letter of Credit addressed to the Company or designated representative by the Company within two weeks after acceptance by the Company for the Purchase Order. After receiving the Letter of Credit, the Company confirms that the conditions of the Letter of Credit are acceptable and then ship the Product.
8.2 When the trade insurance by Nippon Export and Investment Insurance (NEXI) is applicable to the Distributor (when the financial condition of the Distributor meets the credit examination conditions of NEXI), the Company accepts payment terms of T/T (Deferred payment). In that case, the Company or designated representative by the Company shall promptly send the invoice for the delivered Products (the "Invoice"), which shall include information regarding the consideration amount of the products and the expense of the delivery, to the Distributor by email.
The Distributor shall pay the aggregate amount of the invoices and applicable taxes thereto received in the preceding month (the "Purchase Amount") by the 10th of every month (e.g., on and before February 10th, the Distributor shall pay the aggregate amount of the Invoices received in January of the same year) (the "Due Date") by way of wire transfer to the bank account designated by the Company. Any commissions or bank transaction fee for the remittance shall be borne by the Distributor. The payment of the Purchase Amount from the Distributor to the Company shall be made in Japanese yen unless otherwise agreed upon by the Parties in writing.
8.3. The Company shall notify the Distributor of the Company's receipt of the Purchase Amount within five (5) Business Days from the date of such receipt by email.
8.4. If the Distributor fails to pay the Purchase Amount by the Due Date, in addition to any other rights granted under this Agreement in the event of breach, (i) the Company shall be entitled to stop the delivery of the Products which have been ordered by the Distributor and accepted by the Company but not yet delivered to the Distributor including the Products in transit pursuant to Clause 7.2, and (ii) any and all obligations that the Distributor owes to the Company under this Agreement shall immediately become due and payable without any notice or demand from the Company and the Distributor shall make payment thereof forthwith.

9. RESALE/DISTRIBUTION OF PRODUCTS BY DISTRIBUTOR
9.1. The Distributor is free to set the price at which it resells the Products within the

Territory. Provided however, that the Distributor shall sell or distribute the Products only within the Territory. However, this shall not apply to the cases specified in Clause 10.1.
9.2. The Distributor shall, at its expense, obtain all registrations, licenses, approvals and permits required to sell the Products in the Territory, pay all taxes and fees due in connection therewith, and comply with any and all applicable laws, regulations, and orders.
9.3. The Distributor shall not provide any confusing or misleading explanation to potential customers in the Territory, which may disaccord or contradict any explanation or instructions made by the Company with regard to the Products.
9.4. The Distributor may not customize, modify or have customized or modified any Product unless it obtains the prior written consent of the Company.
9.5. The Distributor shall make commercially reasonable efforts to purchase the largest possible quantity of the Products from the Company and sell or distribute them to the customers in the Territory.

10. COVENANTS OF DISTRIBUTOR
10.1. The Distributor must obtain the prior written consent by the Company when engaging any of the following conducts:
(a) to search or solicit customers to purchase the Products in any place or country other than the Territory;
(b) to engage in advertising or sales promotion activities for the Products in any place or country other than the Territory; or
(c) to re-sell or re-export, the Products, whether directly or indirectly, in or to any place or country other than the Territory.
10.2. The Distributor shall be responsible for the provision of after-sales services for all Products sold or distributed in the Territory to ensure the reputation and brand image of the Company and the Products. All costs and expenses incurred by reason of providing such after-sales service shall be borne by the Distributor except in circumstances where the need for any such after-sales service arises out of any breach by the Company of this Agreement or negligent performance or failure in performance of the Products attributable to the Company.
10.3. The Distributor hereto shall submit reports containing the market condition in the Territory, the inventory status of the Distributor and the status of the promotional activities of the Distributor, etc. to the Company as requested by the Company from time to time.

11. COVENANTS OF THE COMPANY
11.1. The Company shall provide any necessary technical assistance in relation to the Products sold to the Distributor, for the Distributor's distribution of the Products

within the Territory, the expenses for which shall be decided on a case-by-case basis.
11.2. The Company shall provide the Distributor with any necessary printed material, manuals, advertisements and other information in relation to the Products sold to the Distributor, for the Distributor to distribute the Products within the Territory, the expenses for which shall be decided on a case-by-case basis.

12. TRADEMARKS
12.1. During the term of this Agreement, the Distributor may use any trademarks and logos of the Company for the purpose of advertisement, sales promotion and the sale of the Products within the Territory, but only in a manner designated by the Company.
12.2. The Distributor shall not add to, alter or diminish any of the trademarks and/or logos of the Company on the Products, and shall sell the Products only in the form received and with the trademarks intact.
12.3. The Distributor may only make reference to the trademarks and/or logos of the Company and the corporate or business name of the Company in the identical form and usage
thereof as made by the Company itself, and may not employ the same as a part of the trademarks and/or logos or the corporate or business name of the Distributor.
12.4. If this Agreement has been terminated or expired, the Distributor shall immediately cease to display, advertise and use names, trademarks and/or logos of the Company and shall thereafter not display, advertise and use any names, trademarks and logos that are similar to, or are likely to be mistaken for the names, trademarks and logos of the Company or the Products, in whole or part.

13. INTELLECTUAL PROPERTY RIGHTS
13.1. The Distributor hereby confirms that any and all of the rights concerning patents, utility models, design, trade names, trademarks, service marks, trade secrets, knowhow, or other rights attaching to the Products (hereinafter collectively referred to as the "Intellectual Property Rights") are properties exclusively belonging to the Company and that the Distributor will not raise any dispute over the Company' s rights in relation thereto.
13.2. The Distributor shall immediately notify the Company of any infringement upon the Intellectual Property Rights of the Company, as well as any possibility thereof, that has been acknowledged by the Distributor.
13.3. If any dispute arises between the Parties over the Intellectual Property Rights, the Company shall have a right to terminate this Agreement at its own discretion.

14. WARRANTY
14.1. The Company warrants that all the Products orderedby the Distributor and

transported to the Distributor in accordance with this Agreement are free of any defects.
14.2. The Company warrants that the Products themselves, and the Company's provision of the Products to the Distributor, do not infringe any rights (including intellectual property rights) of any third party.

15. TERM
15.1. This Agreement shall be effective for one (1) year from the Effective Date, unless terminated earlier pursuant to Clause 16 hereunder.
15.2. This Agreement shall be automatically renewed for subsequent periods of one (1) year unless otherwise either Party notifies the other Party in writing not later than one (1) month prior to the expiration hereof, and thereafter the same shall continue to apply.

16. TERMINATION
16.1. Upon occurrence of any of the following events, the non-breaching Party, or the Party with respect to which such event does not occur, may elect to terminate this Agreement by giving notice to the other Party of its election:
(a) any material breach ofthis Agreement which is not cured within thirty (30) days after notice thereof is provided by the non-breaching Party to the other Party;
(b) initiation of insolvency, bankruptcy, liquidation, dissolution or similar proceedings by or against either Party if such proceedings are not dismissed within sixty (60) days; or
(c) on thirty (30) days' notice if, after sixty (60) days, the Distributor and the Company are unable to agree on any matters requiring agreement under this Agreement.
16.2. Upon the expiration or termination of this Agreement:
(a) the Company shall complete all orders for the Products which have been accepted by the Company prior to the effective date of termination or expiration, but for any Products the shipping of which has not yet been made; and
(b) the Distributor shall be entitled to continue to sell any Products it has already purchased through its normal channels of distribution for a period of six (6) months following the termination date.

17. INDEMNITY
In addition to any specific indemnification provided herein, each Party shall indemnify and hold the other Party harmless from and against any adverse consequence resulting from or arising in connection with any breach of any provisions in this Agreement. Provided, however, that any liability for damages suffered by the Distributor due to the Company's breach of this Agreement shall be limited only to such damages as directly and actually suffered by the Distributor.

18. FORCE MAJEURE
Neither Party shall be in default hereunder by reason of any failure or delay in the performance of any obligation under this Agreement where such failure or delay arises out of any cause beyond the reasonable control and without the fault or negligence of such Party. Such causes shall include, without limitation, storms, floods, earth quake, other acts of nature, fires, explosions, riots, wars or civil disturbances, strikes or other labor unrest, embargoes and other governmental actions or regulations which would prohibit either Party from ordering or furnishing the Products or from performing any other aspect of the obligations hereunder, delays in transportation, and inability to obtain necessary labor, supplies or manufacturing facilities.

19. ASSIGNMENT
Neither Party shall have the right to assign or otherwise transfer its rights and obligations under this Agreement except with the prior written consent of the other Party which shall not unreasonably be refused.

20. AMENDMENT
This Agreement may only be amended by a written agreement signed by the representatives of the Parties hereto.

21. CONFIDENTIALITY
The Parties shall keep confidential and shall not disclose to any third party any and all information disclosed by each Party to the other Party and the content or discussions related to the Agreement, except for the following:
(i) disclosure to persons to whom the information needs to be disclosed to fulfill the obligation of the Agreement, including officers and employees of each Party, and its counsel, accountants, bankers, engineers and financial advisor but in each such case only upon terms which require the recipient of such information to keep such information confidential and not to disclose the same to any other person;
(ii) public information or any information accessible by either Party without breaching the confidentiality obligations of either Party or any third Party;
(iii) any information that either Party is required by laws, regulations or judicial or governmental orders to disclose;
(iv) any information that either Party has legally obtained from a third party having legitimate authority before or after the disclosure without incurring obligation of confidentiality; and
(v) any information that was independently developed by either Party without using any information disclosed by the other Party.

22. NOTICE
Except as otherwise specifically stated herein, all notices, requests, demands or other communications (the "Notices") to or upon the Parties under this Agreement shall be in English and shall be in writing and sent by email or facsimile addressed to each Party at the address set forth below:

If to the Company:
XXXXXX CO., LTD.
Attention:
Address:
Email:

If to the Distributor:
YYYYY Ltd.
Attention:
Address:
Email:

or, in each case, to such other person or address of which either Party may advise the other in writing. The Notices will be deemed to have been given when received.

23. WAIVER
The failure to exercise or enforce any right conferred upon any of the Parties hereunder shall not be deemed to be a waiver of any such right and shall not operate to bar the exercise or enforcement thereof on any other occasion.

24. ENTIRE AGREEMENT
This Agreement constitutes the entire agreement and understanding of the Parties and supersedes any previous agreement between the Parties in relation to the subject matter of this Agreement. If there are any inconsistencies between the terms and conditions of this Agreement and the terms and conditions set forth in any order, acceptance or invoice between the Parties, the terms and conditions of this Agreement shall prevail.

25. SEVERABILITY
If any provision of this Agreement is subsequently held invalid or unenforceable by any court or authority agent, such invalidity or unenforceability shall in no way affect the validity or enforceability of any other provisions thereof.

26. COUNTERPARTS
This Agreement may be executed in two counterparts, each of which shall constitute an original but all of which when taken together shall constitute one agreement.

27. GOVERNING LAW AND JURISDICTION
27.1. This Agreement shall be governed by, and interpreted in accordance with, Japanese laws. This Agreement shall not be subject to the United Nations Convention for the International Sale of Goods.
27.2.If any dispute arises between the Partieshereto during the subsistence of this Agreement or thereafter, in connection with the validity, interpretation, implementation or performance or non-performance or alleged breach of any provision of this Agreement, the dispute shall be finally resolved bybinding arbitration in accordance with the provisions of the Commercial Arbitration Rules of the Japan Commercial Arbitration Association] (or any modifications thereto or any re-enactments thereof as may be in force at that time) by the sole arbitrator nominated by the Company. The arbitration proceedings shall be in the English language and the venue shall be Tokyo, Japan. The arbitral award may be enforced by any court having competent jurisdiction over any of the Parties. The arbitration fee incurred shall be borne by the losing Party unless the arbitrators determine otherwise.

IN WITNESS WHEREOF, the Parties hereto have executed this Agreement by their duly authorized representatives in duplicate as of the date first set forth above, each Party retaining one (1) copy thereof, respectively.

◎「秘密保持契約書」(Non-Disclosure Agreement)の例◎

NON-DISCLOSURE AGREEMENT

THIS AGREEMENT made this 20th day of March 20XX by and between XXXXXX CO., LTD., a corporation of Japan, having a principal place of business at Tokyo, Japan (hereinafter called "XXXXXX"), and YYYYY Ltd., a corporation of Canada, having a principal place of business at , Ontario, Canada (hereinafter called "YYYYY ").

WITNESSETH:

WEREAS, XXXXXX has developed and is the owner of a manufacturing Temporary partition for construction sites "PRODUT" (hereinafter called the "PRODUT "), and has developed certain valuable proprietary technical date and information related thereto; and

WHEREAS, YYYYY desires to receive samples of PRODUT and its related information in order to evaluate its interest in the PRODUT;
and

WHEREAS, XXXXXX is willing to provide YYYYY with such of samples of PRODUT and its related information as may be necessary to permit YYYYY to evaluate its interest in the PRODUT;

NOW, THEREFORE, XXXXXX and YYYYY, in consideration of the covenants and conditions set forth below, do hereby agree as follows:

Article 1

XXXXXX will provide YYYYY with such of samples of the PRODUT for evaluation by YYYYY will be provided if the parties so agree. All such data, information related to samples and samples themselves shall remain the property of XXXXXX and shall be returned to XXXXXX or destroyed if the parties do not enter into a further agreement.

Article 2

YYYYY shall hold in confidence any and all technical data, information and samples of the PRODUT provided and disclosed to it by XXXXXX hereunder. However, this obligation shall not apply to any data or information disclosed to hereunder;

(a)which at the time of disclosure is in the public domain;

(b)which, after disclosure, becomes a part of the public domain, by publication or otherwise other than through unauthorized disclosures by YYYYY;

(c)which at the time of disclosure is already in YYYYY 's possession as shown by its written records;
(d)which is made available to YYYYY by an independent third party; provided, however, that such information was not obtained by said third party, directly or indirectly, from XXXXXX;
(e)which is expressly authorized by XXXXXX in writing to release; or
(f)which is required to disclose by governmental agency or any law and regulation.

Article 3

YYYYY shall not use the technical data, samples of the PRODUT, and information which it is required to hold in confidence hereunder for any purpose other than the aforesaid evaluation and determination of interest without first entering into an agreement with XXXXXX covering the use thereof.

Article 4

YYYYY agrees to limit disclosure of technical data and information received from XXXXXX hereunder to only those of its officers and employees as YYYYY considers necessary to complete its evaluation of the PRODUT and then only after such officers and employees have undertaken by employment agreement or otherwise to comply with the obligation undertaken by YYYYY under this Agreement.

Article 5

(a)YYYYY acknowledges that any breach of this Agreement may cause irreparable harm to XXXXXX and agrees that XXXXXX's remedies for any breach may include, in addition to damages and other available remedies, injunctive relief against such breach.
(b) YYYYY agrees that XXXXXX shall be entitled to an award of its reasonable attorney's fee if it prevails in any action to enforce this Agreement.

Article 6

(a)YYYYY represents that it has no obligations or commitments inconsistent with this Agreement.
(b)This Agreement shall not by implication or otherwise be construed as a grant of a license.

Article 7

The obligation of YYYYY under the terms of this Agreement shall remain in effect for a period of seven (7) years from the date hereof.

Article 8

This Agreement shall be governed by, construed and enforced in accordance with the laws of Japan.

Article 9

All disputes, controversies or differences arising out of or in connection with this contract shall be finally settled by arbitration in accordance with the Commercial Arbitration Rules of The Japan Commercial Arbitration Association. The place of the arbitration shall be Tokyo, Japan.

IN WITNESS WHEREOF, the parties hereto have caused this Agreement to be executed by their duly authorized representatives as of the date first above written.

XXXXXX CO., LTD.	YYYYY Ltd.
By: ______________	By: ______________
Title: ____________	Title: ____________

2-24

契約のしかた②
契約書の重要ポイント

145～154ページに掲載した「販売店契約書」(Distributorship Agreement）を例にして、契約書における主な重要なポイントについて説明しておきましょう。

【WITNESSETH】（序文）

例示した販売店契約書のフォーマットでは、ここで相手を独占販売店（exclusive distributor）とするのか、非独占販売店（Non exclusive distributor）とするのかを定義するようにしています。

相手を独占販売店とした場合は、後からもっといい販売店候補が現われても、そちらに販売権を与えることはできません。

しかし、相手に何の権利（独占販売権）も与えないで、販売活動をしてほしいと依頼するのはムシのいい話ともいえます。そもそも、その条件で契約を締結すること自体が難しいといえるでしょう。

相手にそれなりのインセンティブを与えることで、相手側の販売努力も期待できるというものです。

ただし、何の条件も付けずに独占販売権を与えるべきではありません。通常は1年間とか期間を区切って、独占販売権を与えます。その後については、販売実績を考慮して（具体的に販売数量を入れてもいいかもしれません)、「契約延長を行なう」とするのがよいでしょう。

【TERRITORY】（本地域）

ここで、どの地域、どの国においての販売活動に関する取り決めなのかを定めます。

1か国につき1販売店とすることが多いですが、アメリカ、カナダなど国土が広大な国では、２つに分けて「西半分の地域／東半分の地域」に限定して販売権を与えることもあります。

逆に、小さい国土の国や経済規模の小さい国の場合は、周辺の国も含めて販売権を与えるといったケースもあります。たとえば、スペインの販売店に、ポルトガルでの販売権も与えるといった事例です。

【PRICE】（価格）

製品の価格について取り決めますが、通常、契約書の本文中で具体的な価格は明記せず、「APPENDIX」（別紙）として、契約書の付属文書のなかに表記します。

これは、製品価格が変動しても、契約書そのものを修正する手間を避け、別紙を差し替えるだけで価格変更を有効とするためです。

【DELIVERY】（納品）

製品輸送・引渡しに係る双方の責任負担などについて定めます。

通常は、インコタームズの条件を明示しますが（１－２項参照）、ここでは、相手側の一定期間における検品義務を明記しましょう。

例示した販売店契約では（第７項）、「本注文に対する数量不足、または瑕疵を発見した場合、本販売店は、本検品期限から５営業日以内に、当社に通知を行なうものとする」と定めています。

納品後に相当な時間が経過した後で、製品の数量不足・瑕疵について補償を求められても、それが引渡し前・引渡し後のどちらに責任が帰するか立証するのは困難です。

【PAYMENT】（支払い）

ここで代金決済条件を定めます。次章の３－６項および３－８項で解説する「代金回収条件」をどのように本条項に反映するかについても定めます。

一般的には、輸出信用状（Ｌ／Ｃ）や、船積み前の前金を要求することが、代金未入金のリスクを低減させることにつながります。

【RESALE/DISTRIBUTION OF PRODUCTS BY DISTRIBUTOR】

（販売店による本製品の転売／流通）

販売店が、自社顧客に対してどのように価格を設定するか（自由に設定できるかどうか）等について定めます。

【TRADEMARKS】（商標）

【INTELLECTUAL PROPERTY RIGHTS】（知的財産権）

４－２項で解説しますが、海外における自社の「知的財産権」の保護は、非常に重要です。

すべての知的財産権は自社に帰属することを契約書上で明確にしておきましょう。

【WARRANTY】（保証）

製品保証に関する事項を定めます。

【TERM】（期間）

契約書の有効期間について定めます。

通常、最初の契約では長期契約は避け、短期契約（たとえば１年間）として、どのような場合に契約を延長するかを定めます。

契約延長については、たとえば、契約満了前に当事者のどちらかが契約終了を申し出ない場合には自動延長とする、などが考えられます。

【TERMINATION】（終了）

どのような場合に、契約を終了させることができるかについて定めます。

契約を交わした相手が、契約の条項を遵守しないこともあり得ます。そのような場合には、契約を解除できる権利を自社が有すること（相手も同様の権利を有しますが）を明確にしておきましょう。

相手に契約違反があった場合は、ただちに契約解除とするより、相手が一定期間、違反を是正しないときに契約を解除すると取り決めることが一般的です。契約違反は、必ずしも悪意をもってなされるものではないので、契約違反＝即時解約とするのは現実的ではないといえます。

【CONFIDENTIALITY】（守秘義務）

双方の守秘義務について定めます。

【GOVERNING LAW AND JURISDICTION】（準拠法および管轄区域）

海外との契約書では、当該契約がどの国の法律に準拠するのか（どの国の法律に従って契約書が解釈されるのか）を定めます。

たとえば、インドネシアの企業との販売店契約を結ぶ場合、自社としては日本法に準拠するのが一番有利です。しかし、インドネシアの販売店としては、インドネシア法に準拠するのが一番有利ということになります。そういった場合は、第三国の法律（たとえばシンガポール法）を準拠法とすることもあり得ます。とはいえ、セールスレップ契約などはアメリカ特有の制度であるともいえるので、第三国の法律を準拠法とするのは難しいでしょう。

例示した販売店契約書では、「商事仲裁手続き」に係る条項を定めています。

この条項が入っていれば、両当事者間で商事紛争になった場合でも、裁判所に提訴することなく商事仲裁手続きで紛争を解決することになっています。この場合は、「日本商事仲裁協会の商事仲裁規則」に従って仲裁が行なわれるとしています。

したがって、この場合は商事紛争が発生すれば、日本商事仲裁協会に仲裁を申し立てることでしか紛争解決はできません。国際商事規則では、両当事者の合意があれば、商事紛争の解決は仲裁機関の仲裁により解決することが定められているのです。

この条項が入っていれば、準拠法がどの国のものであろうと、裁判による紛争解決はできませんので、準拠法は相手国の法律にすることで譲歩する一方で、契約書には「日本商事仲裁協会の商事仲裁規則に従った仲裁」条項を入れるという妥協案は考えられます。

しかし、そのことを含め、契約書の作成については、最終的に、準拠法とした国の資格をもっている弁護士にチェックをしてもらうことを推奨します。

2-25 契約のしかた③ 契約交渉と契約締結

契約書のドラフトは自社で作成する

「**契約交渉**」では、まずは契約書案（ドラフト）をベースにして、どのように修正していくかを交渉していきます。したがって、たたき台となるドラフトは自社で作成すべきです。

これは、自社で作成したドラフトは、自社の利益を重視したものになり、それをたたき台にして契約交渉したほうが自社に有利になるからです。

逆に、相手側のドラフトをたたき台にして交渉すれば、相手側の利益を重視したドラフトがたたき台になるので、自社にとっては不利になります。

日本語訳の契約書は正本にはならない

契約書は通常、英文で作成し、それを正本とします。そのように契約書のなかで規定することが一般的です。

日本語訳の契約書を作成する場合でも、それはあくまでも日本語訳であって、正本とはなりません。

また、相手側の国の言語による契約書を正本とするよう求められても、それは断わるべきです。

相手国側の言語を理解するのは、自社側にとっては難しいことです。同様に、相手側に日本語の契約書を正本とするよう求めても、相手側は同様の理由で嫌がるはずです。

契約交渉を経て契約締結となる

契約交渉は、最初に相手側に契約書のドラフトを提示して、相手の意見を求めるところからスタートしますが、提示したドラフトをそのまま相手側が受け入れることはまずないでしょう。
そこから、契約書の各項目の内容について、どのように修正すればお互いに合意できるか、交渉していくことになります。その際の主な争点は、前項で解説した「契約書の重要ポイント」になるはずです。
その過程を経て、最終的に契約書の内容について合意に達すれば、契約書の正本２部を用意して、両方に自社の代表者が署名し、相手側に発送します。相手側も契約書を受領後、代表者が署名し、１部を自社に保管し、１部を返送してもらいます。その手続きをもって「**契約締結**」となります。

このように郵送によるやり取りではなく、相手側に出向き、その場で両者が署名する調印式を取り行なう場合も多いです。
相手先との今後の友好関係、信頼関係を発展させていくという観点からは、調印式を行なうことが望ましいといえます。
交渉の最初の段階、途中の段階でも、実際に相手先企業に出向く場合もあれば、メール等でやり取りする場合やオンライン会議を活用する場合もあります。状況に応じて、ケースバイケースで交渉を行なってください。

2-26

販売店契約締結後のフォロー

契約締結後は販売店の営業活動に協力していく

エンドユーザー等との販売契約が締結されれば、それで売上が確定したことになりますが、販売店契約あるいはセールスレップ契約を締結しても、それがゴールではありません。

これらの契約を締結しても、その後まったく売上につながらないということはよくあることです。契約締結後、そのまま放置して、ただ販売店からの成約の連絡を待つ、というのでは、なかなか結果は出ません。

そこで、販売店の営業活動に協力していくことが重要です。営業活動への協力のしかたとしては、以下のようなことがあげられます。

【販売促進資料作成への協力】

現地語によるカタログやプロモーション動画の作成などに対し、協力（費用面で一部負担、必要資料の提供など）します。

【顧客訪問への同行】

顧客訪問に同行すれば、販売店・セールスレップの製品知識やセールトークで不足している点があればフォローできます。また、顧客としても直接、メーカーの話を聞けるのは有難いものですから、購買意思決定のきっかけともなり得ます。

定期的に現地に赴き、販売店の経営者や販売員と一緒に、顧客を訪問することを検討してください。販売店側からもそのような要望が出ることも多いです。

【現地展示会への出展】

販売店に協力して、費用の一部負担や日本からの人員派遣等を行ない、現地での展示会へ出展することで、顧客候補との接点強化、販売員のモチベーションアップ、教育効果（日本からの派遣者から新たな知識を吸収できる）が期待できます。

【現地販売員とのコミュニケーション強化】

現地訪問した際に、販売店経営者とは当然、コミュニケーションを図るわけですが、実際に製品を販売する販売員とは、あまりコミュニケーションを取らないことが多いと思います。

販売店の販売員は、いろいろな種類の製品を販売しているはずです。そのなかから積極的に、当社製品を顧客へ勧めてくれるかどうかは販売員次第です。当社製品を積極的に販売してくれるように、モチベーションを高めてもらうことが重要です。

現地訪問時には、販売員への土産を用意していく、販売員とミーティングを行なって、彼ら・彼女らの意見を聞くといったことを行ないます。自分の意見を聞いてもらえるというのは嬉しいもので、モチベーションアップにつながります。また、食事会などの懇親の場を設ける、なども心がけるとよいでしょう。

3 章

輸出取引の実務ガイドと
リスク管理のしかた

3-1

見積書のつくり方

見積書に織り込むべき項目と提出時期

海外向けの「**見積書**」は、「QUOTATION」もしくは「ESTIMATE」と呼ばれ、販売候補先からの引合い、見積り要求などに対して提出します。

QUOTATIONは「金額が確定したもの」、ESTIMATEは「金額が確定していないもの」と定義されていますが、厳密に必ずしもそのようには使い分けされていません。

基本的には、日本国内で使う見積書と同じものを英語で表記するものと考えてもらってよいでしょう。

QUOTATIONもしくはESTIMATEには、以下の情報が記載されます。

- **発行元である自社の情報**（日本の場合は書類の下部に書くことが多いが、海外では上部に書くことが一般的）
- **発行の日付と有効期限**
- **宛先**（顧客情報）
- **内訳**（製品名、製品型番、仕様等）
- **数量**（最小注文数量（MＯＱ：Minimum Order Quantity ）が設定される場合がよくある）
- **金額**（通貨を明記する）
- **引渡し条件**（インコタームズの条件：１－

XXXXXXX Co., Ltd.
1-1-1 □□□□□,□□□□□
Tokyo,100－0000 Japan
Phone (81) 3-0000-7131 (main
Facsimile (81) 3-0000-7132

CUSTOMER
[NAME]
[COMPNAY NAME]
[STREET, ADDRESS]
[CITY, ZIP, COUNTRY]
[PHONE]

Item	□□□□□
Delivery Time	To be disuc
Quotation validity	30 days
Payment Terms	By an irrev
Deivery Place & Terms	C&F Vanco

Total Amount

Note 1) Please check the stock when
Note 2) Ocean Freight is fluctuate day
Please confirm Ocean Freight

Product name
□□□□□ AND THEIR ACCESS
□□□□□
○○○○○○
△△△△△△
A Part
B Part
C Part
D Part
E Part
F Part
Export Wooden Packing
Customs clearance fee & Shipping costs
Ocean Freight(Yokohama ⇒ Vancouver)

▲ Special note ※ Repair, corruption,

2項参照)

- **代金決済方法**(支払時期、支払方法:3-6項参照)

そのほか、補足事項があれば明記します。

見積書は、どの時点で提出すればよいか、特に目安があるわけではありません。

◎「QUOTATION」の例◎

QUOTATION

202△/4/12

phone number)

and their accessaries
ussed later

ocable Letter of Credit or Advance payment (wire transfer to our bank account in Japan)
uver shipped in 20 feet container

1,184,245 in Japanese Yen
+ 11,727.00 in US dollar
ordering.
by day due to Covid 19 and War risk.
again when you place an order.

Type	Quantity	Unit	Unit price	Subtotal	Net weight(kgs)
ARIES					
W600	120	SET		J.YEN117,600	1,884.0
	1	SET	50,000	J.YEN50,000	22.0
	1	SET	83,000	J.YEN83,000	10.2
				J.YEN0,000	
LL type	3	SET	18,000	J.YEN54,000	28.0
LL type	1	SET	2,500	J.YEN2,500	1.0
	120	SET	3,000	J.YEN360,000	180.0
	270	piece	600	J.YEN162,000	14.4
	540	piece	5	J.YEN2,700	4.0
1800	1	piece	2,000	J.YEN2,000	28.8
	1	for 1(20ft container)	213,920	J.YEN213,920	
			136,525	J.YEN136,525	
			Sub Total	J.YEN1,184,245	2,172.4
			11,727.00	US$11,727.00	

loss, etc. will be charged separately.

Grand Total	1,184,245	in Japanese Yen
	11,727.00	in US dollar

最初のコンタクトで相手側から送ってほしいといってくる場合もあれば、商談の後に提出する場合もあります。

ただし、プライスリストがあるような汎用製品の場合は、最初の段階で提出してもいいでしょうが、一点一様の仕様で顧客ごとに戦略的に価格を変えるような製品の場合は、十分に相手側から情報収集した後（商談後など）に、その情報を反映した形で提出するのがよいでしょう。

提出した見積書の条件に対して、相手側がそのまま受諾する場合もありますが、条件について交渉（Negotiation）を求められることのほうが多いでしょう。特に、価格などについて交渉となることが多いです。

交渉は、お互いが合意に達するまで続けられます。最終的に合意に至らないこともあります。

合意すれば「受注」ということになりますが、合意できなければ「失注」ということになります。最終的には、自社の利益を考えてどこまで譲歩できるかということで判断することになります。

なお、販売店契約を締結している場合では、見積書を提出する場合と、提出しない場合があります。

販売店契約のなかで、価格、販売条件などを確定させている場合には、見積書を提出する必要はないでしょう。

販売店契約を締結していない場合は、相手先が販売店候補であろうとユーザーであろうと、引合いに対しては必ず見積書を提出します。

3-2 受注のしかた

注文書受領または売買契約書を取り交わす

見積書の提出先と、提出した見積書の取引条件に双方が合意すれば、相手先から「**注文書**」(Purchase Order) などを受領することで、取引が成立します。

口頭による取引条件の合意で、発注することでも取引契約は成立しますが、トラブルを防止するために、国際ルールに従った個別の「**売買契約書**」(Sales Agreement) を取り交わすか、もしくは相手先から「注文書」(Purchase Order) を受領することが必要です。

相手先からのPurchase Orderは、提出した見積書と紐づけされ(提出した見積書番号が明記されている)、**見積書の取引条件を受諾することが明記**されている必要があります。

販売店契約 (Distributorship Agreement) や販売基本契約 (Basic Sale Agreement) 等が締結されていれば、Purchase Orderには、「**取引条件は販売基本契約に準拠する**」という旨が記載されていることが必要です。

相手先との直接契約 (ユーザーとの直接取引、販売代理店が仲介した取引等) については、売買契約書 (Sales Agreement) を交わします (売買契約書の例を172、173ページに掲載しました)。

注文書と売買契約書のどちらかで契約成立

「Sales Agreement」と「Purchase Order」は、どちらを使ってもその効力は同じです。

それぞれの性格としては、Sales Agreementは「売買契約の基本的な条件を定めた契約書」であり、Purchase Orderは「商品の注文書」です。

◎「売買契約書」（表面）の例◎

XXXXXXX Co., Ltd.

○○○ Building X -X-X Akasaka MInato-ku, TOKYO, 110-XXXX JAPAN
Tel: 81-3-XXXX-XXXX Fax: 81-3-YYYY-YYYY http:/ /www.-----------.co.Jp

SALES AGREEMENT

XXXXXXX Co., Ltd. hereby confirm the Sale to the undermentioned Buyer of the following goods on the terms and condltions stated herein, which are agreed to, understood ancf made a part of thisConfract:.

Date: May 20, 20XX
Contrct No.

Buyer's Name and Address YYYY Corporation 14XX XXXX Ave. Seattle, WA, 20XXX U.S.A.			
Commodity and Quality Electric Wire Cutting Machine SDD-123	**Quantity and Unit** 10 Sets	**Unit Price** US$9,800.00	**Amount** US$98,000.00

Trade Terms FCA YOKOHAMA CFS	**Terms of Delivery** Transshipment : Not allowed Partial Shipment : Not allowed
Port of Shipment Yokohama, Japan	**Time of Shipment** By August 10th, 20XX, subject to Seller's receipt of L/C by June 22nd, 20XX
Port of Destination Seattle WA U.S.A.	**Inspection** Inspection in Japan as final as final in respect of quantity, quality, specification and conditions of Goods.
Final Destination	**Insurance** Coverd by Buyer
Packing 20 sets in a box, and 50 boxes	**Payment** By an irrevocable Letter of Credit at sight
Shipping Mark YY Seattle C No.1-10 Made in Japan	**Special Terms & Conditions**

Accepted and Confirmed by

Buyer YYYY Corporation （署名） （署名者） （署名者の肩書）	Seller XXXXXXX Co., Ltd. （署名） （署名者） （署名者の肩書）

ON ____________

◎「売買契約書」（裏面）の例◎

The sale specified on the face hereof shall be subject to the following terms and conditions:
1. Basis (契約の基礎)
All business shall be transacted between the parties hereto on Principal-to-Principal basis.
2. Shipment (船積)「
The date of bill of lading shall be accepted as the conclusive date of shipment. Partial shipment shall be permitted, unless otherwise stated on the face hereof and, in such case, each shipment shall be considered as a separate contract.
3. Payment (決済)
An irrevocable letter of credit shall be established by Buyer within fifteen (15) days after the date of the Contract and such letter of credit shall be valid and effective for at least fifteen (15) days after the last date of shipment for negotiating the relative draft. The opening bank shall be nominated by Buyer and confirmed by Seller in advance.
4. Increased Costs (増加費用)
If Seller's costs of performance are increased after the date of the Contract by reason of ocean freight or air freight, taxes or other governmental charges and cargo insurance rate etc., Buyer shall reimburse Seller for such costs.
5. Insurance (保険)
Under CIF or CIP terms, insurance shall be effected by Seller for one hundred and ten percent (110%) of the invoice amount. Premium for any additional insurance coverage, if required by Buyer, shall be borne by Buyer.
6. Export Inspection (輸出検査)
Export inspection by Japanese sworn surveyors, manufacturers or Seller shall be considered as final in respect of quantity, quality, specification and conditions of the Goods. When Buyer requires special inspection of the Goods in Japan before shipment, Buyer may appoint an inspector subject to Seller's prior approval and bear all inspection expenses thus incurred.
7. Claim (クレーム)
Buyer's claim arising under the Contract shall be notified to Seller by e-mail or other means within forty-five (45) days after arrival of the Goods at the destination specified in a bill of lading. Full particulars of such claim, together with a report of the sworn surveyor nominated by the parties hereto shall be made in writing and forwarded by a registered airmail within fifteen (15) days after notification. Otherwise, no claim shall be accepted by Seller.
8. Force Majeure (不可効力)
In the event of Acts of God, government orders or restraints, war or warlike conditions, blockade, hostilities, revolution, strike, lockout, civil commotions, fire, epidemics or of any other occurrences beyond Seller's control, Seller shall not be liable for non-delivery of the Goods or delay in performance of the Contract caused directly or indirectly thereby, in which case, Buyer shall accept the delayed shipment or the cancellation of all or any part of the Contract, if proposed by Seller.
9. Arbitration (仲裁)
All disputes, controversies or differences which may arise between the parties hereto, out of or in relation to the Contract shall be finally settled by arbitration in Japan in accordance with the Commercial Arbitration Rules of the Japan Commercial Arbitration Association. The award rendered by the arbitrator(s) shall be final and binding upon the parties hereto.
10. Trade Terms (貿易条件)
All trade terms provided in the Contract shall be interpreted in accordance with the latest Incoterms of the International Chamber of Commerce.
11. Intellectual Property Rights (知的財産権)
Seller shall not be responsible for any infringement of Intellectual property rights in connection with the Goods including, without limitation, patent, utility model, trademark, design, or copyright of third party in any country other than Japan.
Buyer shall hold Seller harmless from liability, loss, or expense in connection with any infringement, alleged or otherwise, with regard to above Intellectual property rights.
12. Entire Agreement (完全合意)
The Contract constitutes the entire agreement between the parties hereto and supersedes all prior agreements with regard to the subject matter hereof.
13. Governing Law (準拠法)
The Contract shall be governed as to all matters including validity, construction and performance by and under the laws of Japan.

どちらを使用するかは、取引の内容や目的によって異なります。

取引内容が複雑である場合や、大量の商品を購入する場合には、Sales Agreementを使用することが一般的です。

一方、取引内容が単純である場合や、少量の商品を購入する場合には、Purchase Orderを使用することが一般的です。

Sales Agreementは一般的に、自社のフォーマットで作成して相手に送り、相手の署名を求めます。

Purchase Orderは、相手側が自らのフォーマットで作成して送ってくるので、自社で求める項目は入っていない可能性があります。

したがって、自社に有利な内容としたい場合や、契約（発注）に関するアクションを自社が先に起こしたい場合には、自社でSales Agreementを作成して相手に送るのがよいでしょう。

なお、172、173ページに例示した「売買契約書」(Sales Agreement）は、表面の記載事項だけでも売買契約は成立しますが、173ページのような一般取引条件を書式化して裏面条項としてまとめる場合も多いです。

売買契約書は一般的に、作成した側にとって有利となるので、相手側から有利な条件への変更を求められる場合には、相手側のフォーマットで送りつけてくる場合もあり得ます。

3-3

輸出手続きの流れ

売買契約成立後（売買契約書の締結後、または注文書の受領後）には、以下の流れで輸出手続きを行ないます。

輸出者	●輸出者は海運・通関業者に貨物の通関および船積みを依頼（船積依頼書） ●輸出貨物を保税地域（フォワーダー指定倉庫）に運ぶ
フォワーダー	●フォワーダーは、船積依頼書にもとづいて税関に輸出申告を行なう
税関	●税関は必要に応じて書類審査、現物検査を行ない、輸出許可を出す
船会社・航空会社	●船積みを行なう ●船荷証券を発行し、フォワーダーに渡す
フォワーダー	●輸出許可書、船荷証券を含む船積書類を輸出者に届ける
輸出者	●（L／C決済の場合）為替手形に船積書類を添えた荷為替手形を銀行に提示し、決済する
輸入者	●当該国において輸入通関手続きを行なう（取引条件によっては輸出者が行なう） ●当該国の販売認可・製品認証を取得する（輸入通関に際して必要な場合あり）

3-4

日本側の輸出手続き

海外の販売店等と取引する場合は、以下にあげる輸出手続きが必要になります。

【船積み依頼】

「**インボイス**」（送り状：INVOICE）と「**パッキングリスト**」（包装明細書：PACKING LIST）を作成し、フォワーダーに船積み依頼をします。

インボイスとパッキングリストは、売主（輸出者）が作成する船積みに際しての必須書類です。インボイスの例は次ページに、パッキングリストの例は178ページに掲載しておきました）。

【輸出梱包】

輸出（国際輸送）には、水濡れ、振動や衝撃等の、国内輸送に比べて格段に高いリスクがあり、それらから貨物を守る梱包が必要です。ダンボールや木材、鉄などを使って梱包する場合には、内容品が壊れたり、錆びたりしないように梱包を施します。

梱包の種類には、「段ボール梱包」「密閉木箱梱包（ケース梱包）」「すかし木箱梱包（クレート梱包）」「スチール梱包」「バンドル梱包」「パレット梱包」などがあります。

どのような梱包が適切かということについては、輸送する製品、輸送手段（コンテナ船、ばら積み船、航空機など）によって異なります。

したがって、どのような梱包が適切かは、フォワーダー、梱包業者に相談してください。

◎「インボイス」の例◎

XXXXXXX Co., Ltd.
○○○ Building X -X-X Akasaka MInato-ku, TOKYO, 110-XXXX JAPAN
Tel: 81-3-XXXX-XXXX Fax: 81-3-YYYY-YYYY http:/ /www.-----------.co.Jp

INVOICE

作成日(Date)：June 20, 20XX
作成地(Place)：Tokyo, Japan
INVOICE NO.EX-0001

Seller: XXXXXXX Co., Ltd. ○○○ Building X -X-X Akasaka MInato-ku, TOKYO, 110-XXXX JAPAN TEL 81-3-XXXX-XXXX FAX 81-3-YYYY-YYYY	**Terms of Trade** FCA YOKOHAMA CFS **送達手段 (Shipped Per) :** MEIKO MARU **Destination:** **SEATTLE, U.S.A.**
Buyer: YYYY Corporation 14XX XXXX Ave. Seattle, WA, 20XXX U.S.A. TEL 02-730-8440-1 FAX 02-730-8442	**支払い条件(Terms of Payment):** By an irrevocable letter of credit at sight L/C No.********** L/C Date:June 1, 20XX Issuring Bank ZZZZ Bank, U.S.A. **備考(Remarks):** Insurance during tarnsportation shall be coverd by Buyer.

内容品の記載 (Description)	**数量 (Quantity)**	**単価 (Unit Price) 通貨(Currency) USD米ドル**	**合計額 (Total Amount) in USD米ドル**
Electric Wire Cutting Machine SDD-123	10 sets	US$980.00	US$9,800.00
総合計(Total)	10 sets	Total Amount	US$9,800.00

原産国(Country of Origin): Japan

XXXXXXX Co., Ltd.

署名(Signature)
署名者
署名者の肩書

備考 (Remarks):

◎「パッキングリスト」の例◎

XXXXXXX Co., Ltd.
○○○　Building X -X-X Akasaka MInato-ku, TOKYO, 110-XXXX JAPAN
Tel: 81-3-XXXX-XXXX Fax: 81-3-YYYY-YYYY http:/ /www.-----------.co.Jp

PACKING LIST

作成日(Date): June 20, 20XX
作成地(Place): Tokyo, Japan
P/L NO.EX-0001

Seller: XXXXXXX Co., Ltd. ○○○　Building X -X-X Akasaka MInato-ku, TOKYO, 110-XXXX JAPAN TEL　81-3-XXXX-XXXX FAX　81-3-YYYY-YYYY	**Terms of Trade** FCA YOKOHAMA CFS **送達手段(Shipped Per):** MEIKO MARU **Destination:** **SEATTLE, U.S.A.**
Buyer: YYYY Corporation 14XX XXXX Ave. Seattle, WA, 20XXX U.S.A. TEL　02-730-8440-1 FAX　02-730-8442	**支払い条件(Terms of Payment):** By an irrevocable letter of credit at sight L/C No.********** L/C Date: June 1, 20XX Issuring Bank ZZZZ Bank, U.S.A. **備考(Remarks):** Insurance during tarnsportation shall be coverd by Buyer.

内容品の記載(Description)	数量(Quantity)	WEIGHT		MEASUREMENT
		NET	GROSS	
Electric Wire Cutting Machine SDD-123 CASE MARK: YY Seattle C No.1-10 Made in Japan	10 sets	2,000.0KGS	2,100.0KGS	4.0M3
総合計(Total)　10 boxes	10 sets	2,000.0KGS	2,100.0KGS	4.0M3

原産国(Country of Origin): Japan

XXXXXXX Co., Ltd.

署名(Signature
(署名者(アルファベット印字)
署名者の肩書

備考 (Remarks):

【国内陸上輸送】

１－２項で、貿易取引においては11のインコタームズ規則（引渡し条件）が定められていると解説しましたが、それぞれの規則におけるリスクの移転時点（引渡し場所）までに、輸出者は貨物の輸送を行なう義務があります。

たとえば、ＦＣＡ横浜コンテナヤードの場合では、横浜コンテナヤードまでは輸出者の責任で輸送することになります。

ただし、コンテナヤードへの持ち込みは、フォワーダーが行なうので、実際には輸出者はフォワーダー指定の倉庫まで貨物を持ち込むことになります。この場合、フォワーダーとの契約によっては、自社倉庫で集荷してもらうことも可能です。

梱包の形態によっては一度、貨物を梱包業者へ搬入し、梱包後にフォワーダー指定倉庫へ納入という流れになる場合もあります。

【通関・船積み】

通関業者（フォワーダー等）は、保税地域（コンテナヤード等）へ搬入された貨物の通関手続きを行ないます。

通関業者が認定事業者（ＡＥＯ：Authorized Economic Operator）である場合は、貨物を保税地域に搬入する前であっても、税関で事前に通関手続きを行なうことができます。

通関業者は、税関に輸出申告書と関連書類を提出して、税関の審査の後で、税関より輸出許可書が交付され、輸出貨物を保税地域から船積みすることができるようになります。

それからフォワーダーは、貨物をコンテナ等に積み込みます。航空貨物の場合も同様の流れで、航空機に積み込まれます。

船積み後に船会社は、「**船荷証券**」（Ｂ／Ｌ：Bill of Lading）を発行します。Ｂ／Ｌは、輸入港で貨物を受け取るための引換証の意味をもつ権利証券であり、譲渡性、流通性を有する重要な書類です。

航空輸送の場合は、「**航空運送状**」（ＡＷＢ：Air Waybill）が、船荷証券に代わるものとなりますが、航空運送状には譲渡性、流通性はありません。

【海上輸送・海上保険】

国際航路の定期船のほとんどはコンテナ船で、そのコンテナのなかでも、最も多く使われているのは一般貨物用の「ドライコンテナ」です。

このほか、冷蔵・冷凍食品や薬品などを輸送する「リーファーコンテナ」、機械、長尺物などの輸送用の「オープントップコンテナ」など種々のコンテナがあります。

コンテナに貨物を積載する場合は、コンテナ１個に満載される大口貨物（ＦＣＬ：Full Container Load）と、これに満たない少量の貨物を他の貨物と合わせて混載させる小口貨物（ＬＣＬ：Less than Container Load）に分けられます。

航空貨物の場合も、航空貨物輸送専用のコンテナに積まれますが、ほとんどの場合は混載となります。

輸出者の責任でＣＩＰ（輸送費保険料込み）やＣＩＦ（運賃保険料込み）とする場合には、「**海上保険**」を付保します。海上保険は、保険会社へ申込みをしますが、フォワーダーが代理店になっている場合が多いので、フォワーダーに保険付保の依頼をすればよいです。

3-5 相手国側の輸入手続きと製品認証・販売許可取得

輸入通関手続きは誰が行なうのか

ＤＡＰ（仕向地持込渡し）、ＤＰＵ（荷卸し持込渡し）、ＤＤＰ（関税込み持込渡し）以外の引渡し条件では、相手国側の輸入通関手続きは輸入者側が行ないます。

しかし、ＤＡＰ、ＤＰＵ、ＤＤＰでは、輸出者の責任で相手国側の輸入通関手続きを行なうことになります。

実際には、インコタームズの引渡し条件に従った相手国側の運送・輸入通関をフォワーダーに依頼することになります。

１－７項で、製品によっては対象国での販売に際して、**製品認証・販売許可取得**を求められる場合があると解説しました。

相手国側の流通過程でのみ、それらの製品認証・販売許可取得を求められる場合と、輸入通関時にそれらの製品認証・販売許可取得の提出を求められる場合との２つのケースがあります。

ＤＡＰ、ＤＰＵ、ＤＤＰの場合は、それらの取得を輸出者側で行なうか、輸入者側が取得してそのコピーの提供を受けるか、どちらかを行なう必要があります。

製品認証が必要な製品の場合に、取引条件（インコタームズの引渡し条件）を決める際には、この点を考慮する必要があります。

ＤＡＰ、ＤＰＵ、ＤＤＰの条件では、代金前払いでない限り、輸出者が相手国での輸入通関手続きを完了させないと、代金を支払ってもらえない、ということになります。

したがって、ＤＡＰ、ＤＰＵ、ＤＤＰの条件は、輸出者にとって不利となるので、なるべく避けたほうがよいといえます。

3-6

代金回収のしかた

代金回収にはどんな方法があるか

輸出代金の回収方法にはいろいろありますが、決済の方法は双方の希望、信用度、金額、決済通貨、相手国の事情などによって決まってきます。

希望する決済方法は、相手方と交渉して合意した見積書または契約書に記載されたものとなります。

大口の輸出入取引で使われている主な決済方法には、信用状（L／C：Letter of Credit）による「**荷為替手形決済**」と「**銀行送金**」があります。L／Cによらない荷為替手形決済の方法もありますが（D／P決済、D／A決済と呼ばれています）、あまり活用されていません。L／Cによらないので、銀行の保証がないために一般的にはあまり活用されていないのです。

L／Cによる荷為替手形決済のメリット・デメリット

L／Cによる荷為替手形決済は、輸出者と輸入者の間に銀行を入れて決済します。輸入国側の銀行で発行されたL／Cは、輸出国側の銀行経由で輸出者にわたります。

輸出者は、L／Cの条件と契約書に不一致がないかを確認して、条件どおりに船積みすることで代金回収ができます。代金未回収のリスクは、ほぼなくなります。

一方、輸入者は、権利証券であるB／Lを銀行経由で入手できるので、船積みされた貨物を確実に確保できます。支払いをしたにも関わらず、貨物を確保できないというリスクは回避できます。

このように、双方にメリットがある一方で、銀行手数料がかかる、手続きが煩雑である、といったデメリットもあります。

◎荷為替手形決済の流れ◎

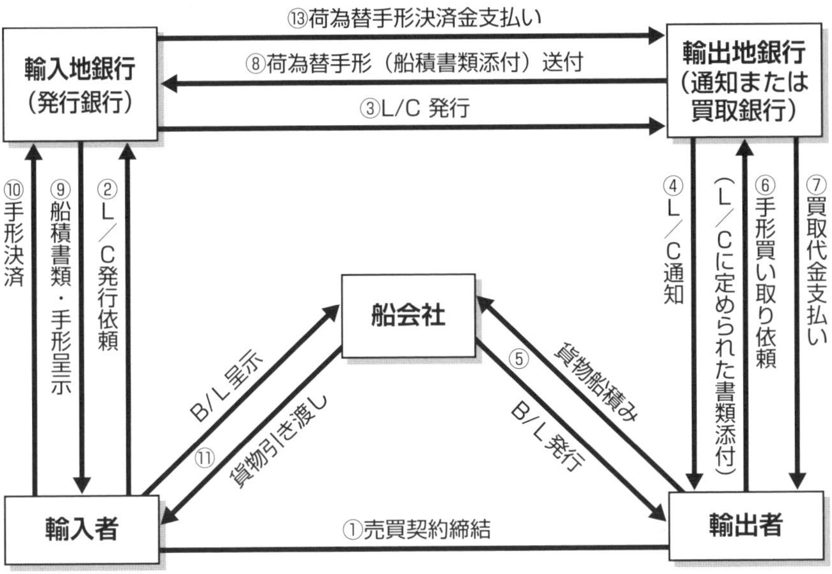

L／Cによる荷為替手形決済の流れは上図のようになります。

輸出者は、L／Cに定められた書類（インボイス、パッキングリスト、B／L等）を荷為替手形（輸出者が振り出す為替手形）とともに、買取銀行へ持ち込むことによって、買取銀行から代金の支払いを受けます。銀行が荷為替手形を買い取ってくれるわけです。

ここで重要なのは、**L／Cに定められたすべての書類を揃えなければならない**ということです。買取銀行は、形式的にL／Cに定められた書類と提出書類が合致していないと、原則として買い取ってくれないからです。

インボイス、パッキングリスト、B／Lは必須ですが、それら以外にも「**原産地証明書**」(Certificate of Origin）や、「**検査証明書**」(Inspection of Certificate）など、他の書類を求められることがあります。

通知銀行経由でL／Cが送られてきたら、必ずその内容を確認しましょう。その内容に不備がある場合（用意できないような書類を

◎L／C付一覧払荷為替手形の例◎

Bill of Exchange

No. 33X****　　　　　　　　　　　　Place and Date: Tokyo, August 8th, 20xx
For US$98,000.00

At XXXXXXX sight of this FIRST Bill of Exchange (SECOND of the same tenor and date being unpaid)
Pay to ▽▽▽▽ BANK, Ltd, Akasaka Branch,　　　　　　　　　　or order
The sum of U.S. Dollars Ninety Eight Thousand Only
Value received and charge the same to account of YYYY Corporation
114XX XXXX Ave. Seattle, WA, 20XXX U.S.A.
Drawn under ABC Bank
Irrevocable L/C No. LCS0011****　　　dated June 10th, 20XX

To ABC Bank
XXXX, West XXXX Street, Seattle, Washington,
20XXX, U.S.A.

XXXXXXX Co., Ltd.
署名(Signature)
(署名者(アルファベット印字))
(署名者の肩書(アルファベット印字))

求められている、契約内容と違う条件が記載されている場合等）は、輸入者に対して**L／Cの条件変更**（アメンド：Amendment）を求めましょう。

なお、L／Cは取消不能（irrevocable L／C）である必要があるので、見積書、契約書の決済条件には、「**取消不能信用状によること**（By an irrevocable Letter of Credit)」と明記しましょう。取消可能なL／Cであれば、いったん発行されたとしても、輸出者から取り消されてしまうリスクがあります。

上図は、L／C付一覧払荷為替手形の例です。

銀行送金のやり方

銀行送金は、①船積み前に輸入者が輸出者に送金する場合、②船積み後（輸入者が貨物受取り後、検品後等の場合もあります）に、輸入者が輸出者に送金する場合、③分割払い（船積み前に50%、輸入者が貨物受取り後50%など）の３つの場合があります。

①は、輸入者としては、支払いをしても貨物を受け取れないリスクがあり、輸入者にとって不利です。

②は、輸出者にとって、貨物を引き渡したにも関わらず、代金を

受け取れないリスクがあり、輸出者にとって不利です。

③は、双方にとってリスクは軽減されますが、①・②と同様のリスクが双方に残ります。

③のメリットとしては、手続きが簡単である、銀行手数料が安い（銀行手数料はかかりますが、Ｌ／Ｃに比べれば格段に安い）、などがあげられます。

①と③の場合には、輸出者にとって代金未回収のリスクがあるわけですが、そのリスクを回避する方法として「貿易保険」があります（貿易保険に関しては３－８項で解説します）。

なお現在では、決済方法が多様化してきており、銀行を経由しない決済も可能となっています。たとえば、民間事業者が提供するネット上での送金サービスなどです。

また、小口の輸出入取引（ＥＣ販売など）では、クレジットカードによる決済も利用されています。

3-7

リスク管理のしかた①
クレーム対策・製造物責任

顧客からのクレームの根本的な要因を特定する

顧客から製品品質の瑕疵等、製品に対するクレームの連絡があったら、迅速に問題を解決するための具体的な対策を提示し、調査を開始することが必要です。

そして、クレームの根本的な要因を特定するために、必要な調査や分析を行ないます。そのうえでクレームの解決策を検討し、具体的な対策を提示して、顧客と合意する解決策を見つけましょう。

このように行動していくことで、顧客満足度を高め、継続的な取引関係の維持・発展につながります。

クレームの原因が、製造者や輸出者に帰する場合は、製造者や輸出者の責任なので、商品を交換するか、返却するか、値引きするかして、現地で廃棄する費用は、製造者や輸出者が負担しなければなりません。

一方で、品質上の問題が、輸入者や現地の流通業者、販売者、ユーザーの責任に帰する場合もあります。現地での不適切な輸送、保管、使用方法などの原因による場合です。

しかし、その原因が、誰の責任であるかを明確に特定できない場合もあります。そのような場合は、限りなくクレームに対応し続けなければならない、責任の所在をめぐって紛争になる、といった可能性もあります。

そのため契約書には、**クレーム条項**を記載し、品質に関する輸出者と輸入者の責任の範囲やクレーム手続き、クレームの有効期限（顧客が製品を受領してからの期間等）、製品受領後の顧客の検品義務等を明確にしておくことが重要です。

損害賠償責任のリスク回避のために…

契約内容とは別に、輸出者が法律上の賠償責任を問われることがあります。

国内では製造物責任法（ＰＬ法）があり、製造物の欠陥によって、生命、身体または財産に損害を被った場合には、被害者は製造業者等に対して損害賠償を求めることができると定められています。

海外においても、各国ごとに同様の法律が定められており、その法律によって賠償責任（損害賠償金や弁護士費用、訴訟費用等）を求められる可能性があります。

そのようなリスクに備えるために、「**海外ＰＬ保険**」へ加入しておくことを推奨します。

海外ＰＬ保険は、損害保険各社が引き受けていますが、商工会議所や一部の業界団体でも加入窓口となっています。すでに国内でＰＬ保険に加入している場合は、その補償範囲は国内に限定されるので、輸出に対応するためには別途、海外ＰＬ保険に加入する必要があります。

なお、商工会議所の会員になると、日本商工会議所の「中小企業海外ＰＬ保険制度」を活用した海外ＰＬ保険に加入できます。

この制度のもとで海外ＰＬ保険に加入すると、一般での加入に比べ、保険料が安く抑えられています。

＜中小企業海外ＰＬ保険制度の詳細＞

「https://www.ishigakiservice.jp/overseas-pl」

3-8

リスク管理のしかた②
代金回収・為替リスク

代金回収リスクを回避する貿易保険

３－６項で、銀行送金する際に全額もしくは一部を後払いの支払い条件とした場合等には、代金未回収のリスクがあると解説しました。

そのリスクを回避する方法として「**貿易保険**」があります。

貿易保険とは、「株式会社日本貿易保険」（ＮＥＸＩ）が運営する、相手国の販売先の倒産、不払いなど、輸出者の責によるものではない事態の発生により被る損失をカバーする取引信用保険です。ちなみに、ＮＥＸＩは全額、日本政府が出資する特殊会社です。

ＮＥＸＩ以外にも、民間の損害保険会社が取引信用保険を引き受けていますが、一般に継続的な売買取引において発生する売上代金債権が対象で、個別の取引（スポット取引）は対象となっていません。ＮＥＸＩが引き受ける取引信用保険は、スポット取引も対象となります。

ＮＥＸＩの保険の種類としては、「中小企業・農林水産業輸出代金保険」「貿易一般保険」「限度額設定型貿易保険」「輸出手形保険」「貿易一般保険包括保険」等々いくつもありますが、ここでは中小企業が活用する頻度が一番高いと思われる「**中小企業・農林水産業輸出代金保険**」について説明します。

この保険は、資本金10億円未満の中堅・中小企業および農林水産従事者などを対象に、輸出代金回収不能をてん補するものです。

てん補率（支払われる保険金額の輸出契約金額に対する比率）は95％で、販売先の倒産などにより３か月以上、輸出代金が未回収（債務の不履行）の際に保険金が支払われます。たとえば、1,000万円の輸出代金が３か月以上支払われなければ、ＮＥＸＩから950万円

◎貿易保険（中小企業・農林水産業輸出代金保険）のしくみ◎

【中小企業・農林水産業輸出代金保険の３つのポイント】

1）資本金10億円未満の中堅・中小企業および農林水産業従事者等を対象とした保険
2）船積み後の代金回収不能リスクのみをカバーする保険（船積み前のリスクはカバーしない）
3）迅速に保険金が支払われる（原則として、保険金請求後１か月以内に保険金が支払われる）

【対象となる取引形態】（日本からの輸出取引のみを対象）

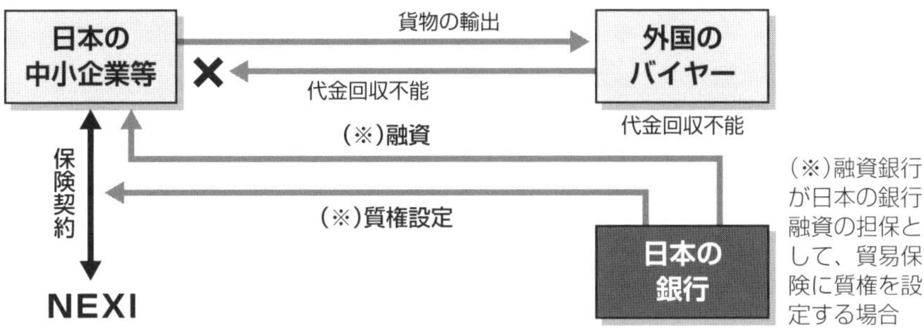

【てん補範囲・付保率】

	船積み前（輸出不能）	船積み後（代金回収不能）
非常危険	てん補対象外	95%
信用危険	てん補対象外	95%

【対象となる契約等】

- 本邦からの輸出貨物を対象に、契約金額5,000万円以下、かつ、バイヤーの与信枠内であることが必要
- 決済ユーザンス（貨物の船積日から代金決済日までの期間）が180日以内の輸出契約が対象

【モデル保険料】

例）契約金額1,000万円（FOB）／D/A 60 days after B/L date の輸出契約の場合
　アメリカ向け…63,400円（0.634%）
　中国向け………82,400円（0.824%）

（出所：株式会社日本貿易保険のホームページより）

が支払われるということです。

保険料率は、相手国のカントリーリスク、相手先企業の信用状態によって変わってきます（「中小企業・農林水産業輸出代金保険」のしくみと内容は前ページの図を参照）。

ただし、どのような販売先に対しても保険の付保ができるわけではなく、保険金額の上限が設定される場合もあります。ＮＥＸＩのほうで販売先企業の信用調査を実施し、その信用状態により当該企業の格付けが行なわれ、その格付けに応じて与信枠や保険料率が設定されます。格付けによっては、ＮＥＸＩで保険を引き受けない・保険付保額を減額する場合もあります。

なお、貿易保険は国際輸送上の損害をてん補するものではなく、国際輸送上の損害をてん補するのは、３－４項で解説した「海上保険」となります。

為替リスクを回避する方法

輸出取引において、円建て契約（日本円で受け取る契約）をしていない限り、外貨の受取り・支払いに際して為替相場の影響を受けます。

外貨建ての場合は、為替相場の変動により、契約時に想定した円貨換算額が受け取れずに採算確保ができなくなったり、多大な損害を被る恐れ（為替リスク）も出てきます。

この為替リスクを回避する方法としては、以下の２つの方法などがあります。

【為替先物予約】

受取り金額や時期がほぼ決まった段階で、あらかじめ将来に適用される為替レートを銀行と取り決めておきます。

為替先物予約には、「確定日渡し」（予約の実行日を将来の任意の特定日とする）と、「期間渡し」（予約を実行する期間を将来の任意の一定期間とする）があります。

任意の特定日または一定期間に、円に転換する為替レートが、為替予約の時点で確定するので、将来的に為替差損益は発生しません。

ただし、銀行側は為替先物予約の締結に際し、顧客に先物為替予約の実行能力があるかどうかについて、事前に審査を行ないますので、時間に余裕をもって申し込む必要があります。

【通貨オプション】

これは、外国通貨をある一定期日に売買する権利のことをいい、オプションの買い手には、権利を行使するか否かの選択権があります。

オプションの買い手は、プレミアム（オプション料）を支払う必要がありますが、将来の為替相場がオプションの権利行使価格に比べてオプションの買い手に有利になった場合は、権利を行使せずに実勢相場で決済することができます。

通貨オプションは、銀行または証券会社に申し込みます。しくみとしては、通貨オプションは為替リスク回避のひとつの選択肢ではありますが、中小企業が活用しているケースはあまりないというのが現状です。

3-9 リスク管理のしかた③ 安全保障貿易管理

外為法による許可が必要となる場合がある

貿易取引や対内投資などの対外取引の管理や調整を行なうための法律として「**外国為替及び外国貿易法**」（**外為法**）があります。

外為法では、「国際的な平和および安全の維持」を目的として、政令で定める特定の地域を仕向地とする特定の種類の貨物を輸出しようとする者は、政令で定めるところにより、経済産業大臣の「許可」を受けてから輸出をしなければならないとされています。

許可には、「**リスト規制**」と「**キャッチオール規制**」があります。

リスト規制とは、輸出に際して許可が必要になる物や技術をリスト化したものです。武器および大量破壊兵器等や通常兵器の開発等に用いられるおそれの高い技術や貨物について、仕向地にかかわらず規制対象となります。

このリストに該当する貨物を輸出する場合は、経済産業大臣の許可が必要になります。リスト規制に定義されている項目は、以下の15項目です。

1）武器	2）原子力	3）化学兵器	3の2）生物兵器
4）ミサイル	5）先端素材	6）材料加工	
7）エレクトロニクス	8）電子計算機	9）通信	
10）センサ	11）航法装置	12）海洋関連	
13）推進装置	14）その他	15）機微品目	

それぞれの項目には、さらに細分化された項目が定められています。最新の情報は、経済産業省の安全保障貿易管理ホームページで確認することができるので、常に最新の情報で確認するようにして

ください。
<安全保障貿易管理ホームページ>
「https://www.meti.go.jp/policy/anpo/」

一方、キャッチオール規制（大量破壊兵器等に係る補完的輸出規制）とは、リスト規制品以外のもので、①大量破壊兵器の開発・製造・使用または貯蔵に用いられる恐れのある場合や、②通常兵器の開発・製造または使用に用いられる恐れのある場合には、輸出に際して経済産業大臣の許可取得が必要になるというものです。

対象地域は、輸出管理を厳格に実施しているホワイト国27か国（2023年７月に韓国がホワイト国に復帰し、27か国に戻りました）を除く全地域で、対象品目はリスト規制に該当しない動植物、食料品、木材などを除く、全品目となっています。

外為法の規定を軽視していると、刑事罰に問われる場合もあるので、特に先端技術を用いた製品等を、ホワイト国以外へ輸出する際には、許可が必要かどうか慎重に確認することが必要です。

非該当証明書、該否判定書とは

輸出通関の際に、税関から「**非該当証明書**」や「**該否判定書**」（パラメーターシート）を提出するように求められることがあります。

非該当証明書は、輸出しようとする貨物が外為法で規定されており、貨物や技術に該当しない旨を証明した書類で、輸出者が発行します。輸出者がメーカー以外であるため、判断ができない場合は、製品のメーカーに作成を依頼します。

該否判定書（パラメーターシート）は、製品のスペックを記載したもので、該当する可能性はあるものの、規定値以下なので非該当となることを証明するもので、製品のメーカーが発行します。その該否判定のツールとして、経済産業省が提供する「貨物・技術の合体マトリックス表」を使います。

また、先のリスト規制、キャッチオール規制以外にも、「輸出承認制度」により、輸出承認が必要とされる貨物（偽造通貨、麻薬類、特許権を侵害する物品、重要文化財、風俗を害する書籍など）は、輸出に際して経済産業大臣の承認を受けることも求められています。

輸出承認貨物の一覧については、経済産業省のサイトで確認してください

「https://www.meti.go.jp/policy/external_economy/trade_control/04_kamotsu/01_export/export_kamotsu.html」

そのほか、時の世界情勢などから特定地域への輸出制限が課される場合もあるので（たとえば、2022年２月のウクライナ情勢下におけるロシア・ベラルーシ等向けの輸出入禁止措置）、輸出の際には通関業者（フォワーダー）に必ず確認しましょう。

コラム

安全保障貿易管理をめぐる実例

2020年３月に、神奈川県にある噴霧乾燥機のメーカーが外為法上の輸出管理規則（リスト規制）に違反するとして起訴されました。

その後、警視庁により同社社長ら幹部３名が「兵器転用できる噴霧乾燥機（液体等を粉末にする機械・スプレードライヤ）を中国へ不正輸出した」との外為法違反容疑で逮捕されました。

そして、この３名の方は長期にわたり拘留されましたが、初公判直前であった2021年７月に東京地裁は、「法規制に該当することの立証が困難」と突然、起訴を取り消し、公訴を棄却して刑事裁判は終了しました。

生物兵器製造に転用できるとして、スプレードライヤはリスト規制の対象になっていますが、国際ルール上、対象となるのは有害な微生物をすべて殺菌できるスプレードライヤに限られます。

結論からいうと、同社のスプレードライヤではすべての微生物を死滅させられず、国際ルール上はリスト規制品目に該当しません。しかし、経済産業省の国際ルールの和訳に齟齬があり、警察・検察当局の捜査が恣意的であったことから起訴に至ったものの、その後、事実が判明し、起訴が取り消されたものです。

３－９項で解説したように、メーカーはリスト規制品目に該当するかどうかの該否判定を行ないますが、同社は輸出するスプレードライヤが非該当であると判定し、それゆえに経済産業大臣の許可を得ずに輸出したわけです。しかし、その行為が法令違反として起訴されたものです。

結果的に、同社の判定は正しかったわけですが、警察・検察当局は別の解釈（定置した状態で滅菌または殺菌することができるので該当）により起訴に及んでいます。起訴が取り消された後、同社側から、国に対して被った被害に対して民事の損害賠償訴訟が提起されています。

ここで輸出者にとって重要なことは、該否判定はメーカーが行なうものであり、その判定の責任はメーカー・輸出者にあるということです（経済産業省や税関はその判定をしません）。

したがって、もし判定が間違っていたら刑事責任を問われる可能性があるので、該否判定は相当慎重に行なうべきです。

ちなみに、一般社団法人安全保障貿易センター・ＣＩＳＴＥＣ（https://www.cistec.or.jp/service/gaihishien/index.html）では、該否判定支援サービスを提供しており、該否判定の検討結果として「該非判定検証証明書」を発行しています。ただし、該否判定に必要な資料はメーカー側より提供する必要があり、ＣＩＳＴＥＣは提供された資料の範囲内で、該否判定を支援するということに限られています。

なお、本内容における事件の事実関係は、同社の刑事事件の弁護人をつとめた和田倉門法律事務所および日本弁護士連合会のレポートを参照しています。

得 知識

輸出に係る税務上のメリット

輸出に係る税務上のメリットとして、**輸出取引に係る消費税は免税**となることがあげられます。

消費税は国内で消費される物品やサービスに課税されるもので、輸出される物品やサービスは国外において消費されるので、消費税は課税されません。ただし、消費税を免除されるためには、還付申告を行なう必要があります。

具体的には、輸出のための仕入商品（原材料についても同様）に課せられた消費税、および輸出業務や事業のために支出した諸経費に対する国内消費税を申告し、還付を受けることになります。

ただし、還付を受けられるのは、消費税の課税事業者に限られます。免税事業者や簡易課税事業者は還付を受けられませんが、簡易課税事業者でも基準期間における課税売上高が5,000万円を超える場合には還付を受けることは可能です。

輸出をしているにもかかわらず、この制度を知らずに、消費税の還付を受けていない事業者が散見されます。消費税の還付申請をしなくても税法上は問題ありませんが、せっかくのメリットを享受できないことになります。輸出取引の実績があった年度の消費税申告の際には、還付の手続きを行なうことをお勧めします。

なお、消費税は国によって呼び方が異なっており、「付加価値税」（ＶＡＴ：Value Added Tax）あるいは「物品サービス税」（ＧＳＴ：Goods and Sales Tax）などと呼ばれますが、「見積りの際に輸出の相手国の消費税は、どのように見込んだらいいのでしょうか？」と質問を受けることがあります。

しかし、上記で解説したように、消費税は相手国（消費される国）の国内で課税されるものです。したがって、ＤＡＰ（仕向地持込渡し）、ＤＰＵ（荷卸し込持込渡し）、ＤＤＰ（関税込持込渡し）以外の引渡し条件では、相手国側の輸入通関手続きは輸入者側が行なうので、輸出者が消費税を支払うことはありません。

通常、相手国側の輸入者が輸入通関時に、付加価値税や物品サービス税を支払います。

なお、アメリカにおいては、連邦における消費税のようなものは存在せず、地方税としての小売売上税（Sales Tax：小売りの段階でのみ課税される税）が存在します。

4章

海外取引には
知財戦略が欠かせない

4-1

知的財産権の種類を知っておこう

輸出で保護すべき知的財産権は４つの「産業財産権」

「**知的財産権**」には、主に「特許権」「実用新案権」「意匠権」「商標権」「著作権」の５つがあります。

そのうち、特許権、実用新案権、意匠権および商標権の４つを「**産業財産権**」といい、特許庁が所管しています。輸出に係る保護すべき知的財産権は、この４つの産業財産権です。

これらの権利は、特許庁に出願して登録されることによって、一定期間、独占的に実施（使用）できる権利となります。

産業財産権は、先に出願したほうを優先するという「先願主義」となっており、先に出願したほうを優先的に登録することとなっています。

しかし、日本の特許庁に出願して登録されても、それは日本国内で有効なものにしか過ぎません。産業財産権は国ごとに保護されるため、国ごとに異なる登録制度や関連法規が存在します。

それぞれの権利を海外でも有効として権利保護するには、国際的な制度を活用して出願登録するか、もしくは各国で個別に出願登録する必要があります（国際的な登録については４－３項で解説します）。

では、知的財産権のうち４つの産業財産権について、その内容を説明しておきましょう。

【特許権】

発明（自然法則を利用した技術的思想の創作のうち高度のもの）に対する独占的な権利を保護する法的な権利です。

発明者には、その発明を一定期間（20年間）独占的に業として実施（使用・譲渡など）できる権利が与えられます。他者にその技術の利用を認めることで、ライセンス収入を得ることもできます。

特許権を取得するためには、発明であること、新規性（発明が公知の技術や知識としてすでに存在していないこと）、進歩性（発明が当該業界の専門家にとって当然のものではなく、新規かつ進歩的なものであること）、産業上の適用可能性（発明が産業や事業において実用的に利用可能であること）、の要件を満たす必要があり、特許庁でその審査が行なわれます。

特許権を取得すると、発明者はその特許権を侵害する他者に対して、法的な手段を取ることができます。

特許権は、発明者に独占的な権利を与える一方で、その発明が公開されるので、当該特許権が出願登録されていない国においては模倣されるリスクがあります。

なお、特許権は出願の日から20年間、有効となっています。

【実用新案権】

発明としての新規性や進歩性が、特許権ほどには求められてなく、考案（自然法則を利用した技術的思想の創作）に対する独占的な権利です。

特許の「発明」に対して、「考案」に対する権利であり、発明と呼ぶには革新的・技術的な発展があるわけではない創作を保護する権利といえます。

実用新案権の保護対象は、「物品の形状、構造または組み合わせに係るもの」に限られており、特許権のような「方法の考案、物の製造方法の考案」は実用新案権として登録されません。

実用新案権の登録出願においては、実体的な内容が審査されることはなく、登録申請の書類などに不備がなければ、半年ほどで設定登録されます。

特許権を取得するうえでの最大の難関は、３要件をクリアするための審査ですが、実用新案権ではこの審査がないということは大きなメリットです。その他のメリットとして、登録後３年以内であれば、特許出願に変更できるということもあります。

一方、デメリットとしては、実用新案権は出願日から10年間しか有効とはなりません。また、実体審査されることなく登録されるので、実際にどの範囲までが有効な権利なのかが曖昧です。

特許権と比べて、差し止めや賠償請求までの手間や手順が多くなっているなど、特許権と比べて、必ずしも十分な保護を受けられるわけではないともいえます。

【意匠権】

製品、部品などの工業上のデザインの独占使用を認める権利です。

そのため、自社製品のデザインを意匠登録しておくことは、コピー商品、類似商品などの模倣品対策に絶大な効果を発揮します。

似たような権利に「著作権」がありますが、著作権は文化面での権利であり、製品などの実用品のデザインについては、著作権が認められないことが多いです。

意匠権は、出願日から25年間、有効となっています。

【商標権】

自社の取り扱う商品・サービスを他者のものと区別するために使用するための、特定の名称、ロゴ、スローガン、デザインなどの商標（マーク、識別標識）を保護する法的な権利です。

商標を独占的に使用することができる権利で、その効力は、同じ商標や商品・サービスだけでなく、類似する範囲にも及びます。

商標権の登録には、識別力があること、不登録理由（他人の周知・先願商標と同一・類似、他人の肖像・氏名・著名な略称等を含む、公の秩序・または善良の風俗を害する恐れ等）に該当しないこと、の要件を満たす必要があります。

45種類からなる商品・役務の区分（右表を参照）があり、そのう

◎商品・役務登録のための45区分の一覧◎

	区分	商品分野
商品	第１類	工業用、科学用又は農業用の化学品 ·
	第２類	塗料、着色料及び腐食の防止用の調整品
	第３類	洗浄剤及び化粧品
	第４類	工業用油、工業用油脂、燃料及び光剤
	第４類	薬剤
	第６類	卑金属及びその製品
	第７類	加工機械、原動機（陸上の乗物用のものを除く。）その他の機械
	第８類	手動工具
	第９類	科学用、航海用、測量用、写真用、音響用、映像用、計量用、信号用、検査用、救命用、教育用、計算用又は情報処理用の機械器具、光学式の機械器具及び電気の伝導用、電気回路の開閉用、変圧用、蓄電用、電圧調整用又は電気制御用の機械器具
	第10類	医療用機械器具及び医療用品
	第11類	照明用、加熱用、蒸気発生用、調理用、冷却用、乾燥用、換気用、給水用又は衛生用の装置
	第12類	乗物その他移動用の装置
	第13類	火器及び火工品
	第14類	貴金属、貴金属製品であって他の類に属しないもの、宝飾品及び時計
	第15類	楽器
	第16類	紙、紙製品及び事務用品
	第17類	電気絶縁用、断熱用又は防音用の材料及び材料用のプラスチック
	第18類	革及びその模造品、旅行用品並びに馬具
	第19類	金属製でない建築材料
	第20類	家具及びプラスチック製品であって他の類に属しないもの
	第21類	家庭用又は台所用の手動式の器具、化粧用具、ガラス製品及び磁器製品
	第22類	ロープ製品、帆布製品、詰物用の材料及び織物用の原料繊維
	第23類	織物用の糸
	第24類	織物及び家庭用の織物製カバー
	第25類	被服及び履物
	第26類	裁縫用品
	第27類	床敷物及び織物製でない壁掛け
	第28類	がん具、遊戯用具及び運動用具
	第29類	動物性の食品及び加工した野菜その他の食用園芸作物
	第30類	加工した植物性の食品（他の類に属するものを除く。）及び調味料
	第31類	加工していない陸産物、生きている動植物及び飼料
	第32類	アルコールを含有しない飲料及びビール
	第33類	ビールを除くアルコール飲料
	第34類	たばこ、喫煙用具及びマッチ
役務	第35類	広告、事業の管理又は運営、事務処理及び小売又は卸売の業務において行われる顧客に対する便益の提供
	第36類	金融、保険及び不動産の取引
	第37類	建設、設置工事及び修理
	第38類	電気通信
	第39類	輸送、こん包及び保管並びに旅行の手配
	第40類	物品の加工その他の処理
	第41類	教育、訓練、娯楽、スポーツ及び文化活動
	第42類	科学技術又は産業に関する調査研究及び設計並びに電子計算機又はソフトウェアの設計及び開発
	第43類	飲食物の提供及び宿泊施設の提供
	第44類	医療、動物の治療、人又は動物に関する衛生及び美容並びに農業、園芸又は林業に係る役務
	第45類	冠婚葬祭に係る役務その他の個人の需要に応じて提供する役務（他の類に属するものを除く。）、警備及び法律事務

（出所：特許庁「商品及び役務の区分解説」国際分類第11-2022版対応）

ちのどれかを選んで登録します（複数でもかまいません）。どの区分に登録するかは、「その商標を使うビジネスの範囲」から選択します。

商標権も先願主義なので、同じ区分内にすでに同一・類似商標が登録されていれば、商標登録はできないことになります。商標権の有効期限は、登録の日から10年です。

ただし、商標権の存続期間は更新が可能であり、更新回数に制限はありません。10年ごとに更新することによって、半永久的に商標権をもち続けることができます。

なお、ロゴの右上に®（マルＲ／Ｒマーク）が付いているのを見たことがあると思いますが、この®は商標が登録されていることを示すものです。

®以外にも「ＴＭ」が付いている場合もあります。ＴＭは「Trade Mark」（商標）の頭文字をとったもので、商標登録されているかどうかにかかわらず、商標であることを示したい場合に使います。®を商標と一緒に使う場合には、それが商標登録されている必要があります。

4-2

知的財産権の保護はなぜ大切なのか

侵害品・模倣品が出回るリスクを回避する

海外で製品販売を行なう場合に、現地で販売する自社製品の知的財産権の保護対策が不十分だと、知的財産権の侵害品・模倣品が出回るリスクが生じます。

また、販売対象国における第三者の知的財産権に対する注意を怠ると、第三者の知的財産権の侵害につながってしまい、巨額の損害賠償をしなければならなくなるリスクが生じます。

知的財産権は、先に出願したほうを優先するという先願主義なので、自社より先に現地企業が出願・権利化してしまい、その国での販売ができなくなったり、逆に実施料の支払いを求められるといったことになるリスクもあります。ちなみに、このように出願する権利のない者が出願し、権利を取得してしまうことを「冒認出願」といいます。

前項で解説したように、知的財産権は、各国ごとに保護されるため、それぞれの国で知的財産権の出願登録をしておかないと、他者に模倣された場合に、自社の知的財産権を主張することができません。

逆に、対象国で知的財産権を取得すれば、その国に市場をもっている他者に対して、侵害の差止めや、損害賠償の請求および実施料の徴収等が可能となります。

4-3 知的財産権の国際出願登録の方法

海外で特許・実用新案権、意匠権、商標権の出願登録する方法は以下のとおりです。

海外での知的財産権の出願登録はほとんどの場合、日本国内の弁理士（事務所）や特許事務所に、その業務を委託して行なうことになります。

特許・実用新案権を国際出願登録する方法

海外で特許権、実用新案権を出願しようとする場合は、各国に直接出願（パリルート）する方法と、ＰＣＴルートという２つの方法があります。

ただし、実用新案制度がない国（アメリカなど）もあり、そのような国では実用新案の出願はできません。そのような場合には、特許権、意匠権などで知的財産権を保護することになります。

それぞれの方法についてそのポイントをあげると、以下のとおりです。

【各国に直接出願（パリルート）】

各国の特許庁に、個別に出願する方法です。

初めての特許出願から海外で出願することはあまりなく、通常は国内に最初の出願（基礎出願）をしてから、パリ条約（後述）にもとづいて外国出願をします。

その際に、基礎出願から１年以内であれば、優先権を主張できます。日本の特許庁への基礎出願の時点で、先願したものとみなされるわけです。

これは、出願国が少ない場合に使われることが多い方法ですが、各国が指定する言語・様式による手続きが必要になるため、出願国が多いと手続きの手間と費用がかさみます。

＜パリ条約とは＞

「工業所有権の保護に関するパリ条約」(Paris Convention for the Protection of Industrial Property) のことで、特許・実用新案・意匠・商標・サービスマーク・商号、原産地表示・原産地名称・不正競争の防止といった工業所有権の国際的保護を図ることを目的として、1883年にパリで締結された条約です。

本条約では、日本で最初に出願して、一定期間（特許・実用新案：12か月以内、意匠・商標：６か月以内）にパリ条約加盟国に出願すれば、日本で出願した日に外国で出願したとみなされる優先権を主張できます。

【ＰＣＴルート】

「特許協力条約」(ＰＣＴ：Patent Cooperation Treaty) を利用した出願方法で、日本語もしくは英語で作成した出願書類（国際出願願書）を日本の特許庁に提出することで、すべてのＰＣＴ加盟国に出願したのと同じ効果が得られます。

ＰＣＴにもとづく国際出願では、日本での基礎出願から12か月以内に国際出願をする必要があります。ただし、日本で基礎出願をせずに、はじめから国際出願をすることも可能です。

そして、基礎出願から30か月以内に権利化をする国を決定し、その国においての国内移行手続きを行ないます。その国が指定する言語の翻訳文も提出します。

ＰＣＴにもとづく国際出願は、日本語で作成した願書を日本の特許庁に提出すればよいため、パリルートよりも手続きは簡素です。

意匠権を国際出願登録する方法

海外で意匠権を出願しようとする場合は、パリルートとハーグ協定にもとづく国際出願の２つの方法があります。

２つの方法のポイントは以下のとおりです。

【各国に直接出願（パリルート）】

特許・実用新案権の場合のパリルートと同様に、日本での基礎出願による優先権を行使して、各国の特許庁に個別に出願する方法です。

意匠権の優先権が認められる期限は６か月なので、日本での出願日から６か月以内に、その国が指定する言語で、各国の特許庁に出願する必要があります。

この方法は、特許・実用新案権と同様に、出願国が少ない場合に使われることが多い方法です。各国が指定する言語・様式による手続きが必要になるため、出願国が多いと手続きの手間と費用がかさみます。

【ハーグ協定にもとづく国際出願】

「ハーグ協定」（後述）を利用した出願方法で、国際登録事務局（ＷＩＰＯ）に出願することで、指定国への出願登録を一元化するシステムです。出願書類は英語、フランス語、スペイン語のいずれかで作成する必要があります。

出願後に形式的な審査が行なわれ、問題がなければ、提出したデザインが国際登録され、ＷＩＰＯのサイトで公開されて、その後各国の特許庁で実態調査が行なわれ、６か月または12か月以内に審査の結果が通知されます（意匠権登録）。

国際登録後５年間の存続期間が設定されており、以後５年ごとに更新することで、国によって15～25年の間、意匠権を維持することができます。

<ハーグ協定とは>

「ハーグ協定」(Hague Agreement Concerning the International Registration of Industrial Designs) とは、意匠権の海外出願において、国際事務局に出願することで指定国への出願・登録を一元化するシステムで、日本を含めて世界62か国が加盟しており、ＥＵや米国などの主要国も加盟しています。

パリルートでは、各国が指定する言語・様式による手続きが必要であるのに対し、ハーグ協定での出願では、１つの願書でまとめて英語で出願することができます。

商標権を国際出願登録する方法

海外で商標権を出願しようとする場合は、パリルートとマドプロ出願の２つの方法があります。

２つの方法のポイントは以下のとおりです。

【各国に直接出願（パリルート）】

特許・実用新案権や意匠権の場合のパリルートと同様に、日本での基礎出願による優先権を行使して、各国の特許庁に個別に出願する方法です。

商標権の優先権が認められる期限は６か月なので、日本での出願日から６か月以内に、その国が指定する言語で、各国の特許庁に出願する必要があります。

この方法も、特許・実用新案権や意匠権と同様に、出願国が少ない場合に使われることが多い方法です。各国が指定する言語・様式による手続きが必要になるため、出願国が多いと手続きの手間と費用がかさみます。

【マドプロ出願】

「マドリッドプロトコル」（通称「マドプロ」。後述）を利用した出願方法で、日本の特許庁への基礎出願にもとづいて海外で登録する方法です。

日本での基礎出願から6か月以内に、国を指定して国際出願をすることができます。

パリルートでは、各国が指定する言語・様式による手続きが必要であるのに対し、マドプロ出願では、1つの願書でまとめて英語で出願することができます。

<マドプロとは>

「マドリッド協定議定書」(マドリッドプロトコル)のことで、商標の保護に関する国際条約です。商標の保護を希望する国を指定し、日本の特許庁を経由して国際事務局(WIPO)へ国際登録出願をすることができます。

2023年2月現在の締結国は114か国となっています。非締結国ではこの制度が使えないため、パリルートなどによって各国での個別出願をする必要があります。

商標の出願登録においては、4－1項で解説したように、商標の商品・役務は45区分されており、いずれかの区分を選んで登録します。

登録しようとする国において、同じ区分内にすでに同一・類似商標が登録されていないことが必要です。

より多くの区分で商標登録するほうが、より幅広い保護とはなりますが、登録する区分が増えればコストもかかるので、どの区分で登録するかはよく検討する必要があります。

【国境をまたいで有効となる知的財産権は存在しない】

なお全世界的にみて、同時に知的財産権を付与する制度は存在しておらず、国境をまたいで有効となる国際的な権利は存在していません。

ＰＣＴ、マドプロにおける国際出願においても、各国ごとの国内移行手続きによる登録が別途必要になります。

ハーグ協定による意匠権は、ＷＩＰＯで出願登録の一元化はできますが、登録は各国ごとに行ないます。

コラム

知的財産権における勘違い

国内で自社製品の特許登録をしており、「海外でも販売したいので、同じ特許を海外でも出願登録したい」と相談を受けることがあります。

しかし、国内ですでに登録されている特許を別途、海外で出願登録することはできません。特許出願の条件のひとつは、新規性があることですが、すでに国内で特許登録しているということは、その発明は「公知の技術や知識としてすでに存在しており、新規性を満たさない」ということになります。

しかしながら、日本の特許庁に特許出願してから12か月以内であれば、パリ条約の優先権を主張して、各国に直接出願またはＰＣＴルートによる出願が可能です。ただし、ＰＣＴルートの場合は、日本の特許庁へ「ＰＣＴ願書」（国際出願願書）を再度提出します。

特許出願してから12か月を超過していれば、国内での特許を海外で出願・登録はできないことになります。この場合は、新たな新規性、進歩性等を有する新たな発明を行なうしか特許登録の方法はありません。

相談にみえたある会社では、特許登録をしてから12か月を超過しており、当該特許は日本国内では有効ではあるものの、海外においては特許による保護はされないことになります。国内で自社製品の特許登録を最初に行なう際にＰＣＴ出願していれば、このような事態は避けられたわけです。

したがって、特許出願をする際には、少しでも海外での販売の可能性があるのであれば、国内出願ではなくＰＣＴ出願をしておきましょう。

4-4 知的財産権による ブランディング

ブランディングとはどういうことか

知的財産権は、「ブランディング」に非常に重要な役割を果たすことができます。

ブランディングとは、そのブランドを構築、強化、管理するための戦略的な活動やプロセスのことを指し、ブランディングによって、それらの機能を高めて、競合製品との差別化を図る戦略をいいます。

知的財産権を活用することで、ブランドの強化や差別化に役立てることができます。

2－21項で解説したように、ブランディングに必要なこととして、「ブランド名」「ブランドロゴ」「パッケージデザイン」があげられます。

ブランド名とブランドロゴは商標登録、パッケージデザインは意匠登録することで、その権利を法的に保護することができ、他者は使用することができなくなります。なお、ブランドロゴは、著作権、意匠権で保護できる場合もありますが、通常は商標登録することによって保護されます。

知的財産をブランディングに活用しよう

このように、商標や意匠などを知的財産としてブランディングに活用することで、他者と差別化された「ブランド」をつくり上げることができます。

ブランディングによって、ブランドの価値を高めることができれば、必然的にブランド要素であるブランド名（商標）の価値も高まります。つまり、知的財産とセットでブランディングに取り組むことで、ブランド価値を最大限に発揮することができるわけです。

また、特許技術を利用した製品やサービスを提供することで、競合他社との差別化や革新的なイメージを確立することが可能になります。

特許を取得しているということは、新規性・進歩性を有していることが公的に認められていることを意味しており、顧客・消費者に対して、他者と差別化されているというイメージを提供します。

知的財産権を有効に活用することで、ブランドの独自性や信頼性が向上し、消費者の心に残りやすくなります。これによって、ブランドの評判と価値を高めることもできます。

また、知的財産権を確立したブランドは、新しい市場や業界に進出する際にも有利です。ブランドがもっている信頼性や知名度を活かして、新たな製品やサービスの展開が可能となります。

5章

海外販路開拓に活用できる公的補助金と支援先

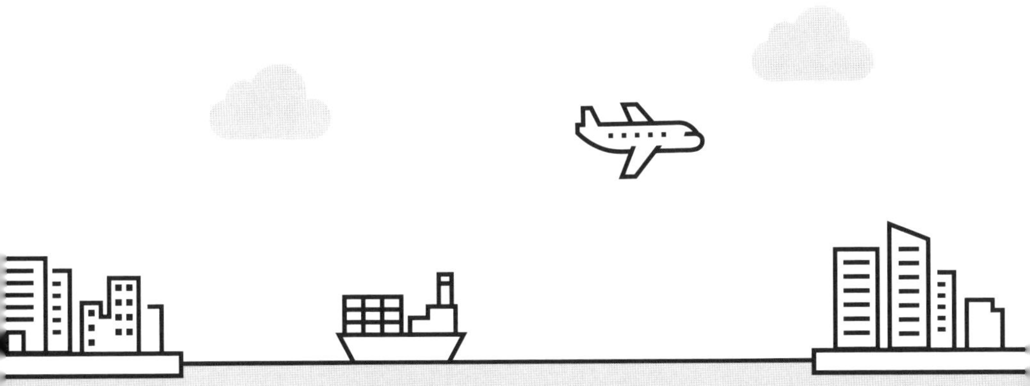

5-1

海外販路開拓に活用できる補助金の種類

中小企業なら公的補助金を活用できる

海外での販売促進活動は、国内の販促活動に比べて、渡航費、現地交通費、通訳費用、外国語のカタログ・ホームページ・動画作成費用、展示会出展費用、知的財産権の出願登録費用等々の費用がかかり、中小企業にとっては負担が大きいものとなります。

その費用を軽減するためには、「**公的補助金**」（**助成金**）を活用するという方法があります。

公的補助金を申請して採択されれば、費用の一部を補助金で賄うことが可能となります。公的補助金は、原則として中小企業基本法で定義されている「中小企業者」とされる企業（下表参照）のみが申請できます（特定非営利活動法人が認められる場合もあります）。

ただし、事業再構築補助金は、中堅企業（資本金10億円未満の法人等）、非営利法人に該当しない一般財団法人および一般社団法人も申請可能となっています。

2023年７月現在で公表されている海外調査・プロモーションに活

◎中小企業基本法に定義されている中小企業者◎

卸売業	資本金の額または出資の総額が１億円以下の会社または常時使用する従業員の数が100人以下の会社および個人
小売業	資本金の額または出資の総額が5,000万円以下の会社または常時使用する従業員の数が50人以下の会社および個人
サービス業	資本金の額または出資の総額が5,000万円以下の会社または常時使用する従業員の数が100人以下の会社および個人
製造業その他	資本金の額または出資の総額が３億円以下の会社または常時使用する従業員の数が300人以下の会社および個人

◎海外調査・プロモーションに活用できる補助金・助成金◎

（カバーされる費用の範囲）

事業主体	補助金・助成金名	補助金・上限	補助率	海外旅費	調査費用	展示会費用	広告費	知財関連	主な要件
中小企業庁	小規模事業者持続化補助金（賃金引上げ枠）	200万円	2/3（赤字事業者は3/4）	○	○	○	○	○	事業場内最低賃金を地域別最低賃金より＋30円以上とすること。
中小企業庁	ものづくり補助金・グローバル市場開拓枠・海外市場開拓（JAPANブランド）類型	3,000万円	1/2（小規模事業者は2/3）	○	○	○	○	○	最終販売先の1/2以上が海外顧客となり、補助事業の売上累計額が補助額を上回ること。単価50万円以上の機械装置等の設備投資が必要。
中小企業庁	事業再構築補助金	500万円～1億円	中小企業の場合2/3（緊急対策枠は3/4）	×	○	○	○	○	製品等の新規性要件、市場の新規性要件等を満たすこと。機械装置等について海外子会社に貸与するのは可能。
東京都	東京都・市場開拓助成事業（＊）	300万円	1/2	×	×	○	○	×	東京都内に事業所を有すること、東京都の事業において支援等を受けていること、または成長産業分野における開発支援テーマであること。

（＊）類似の助成金として「展示会出展助成事業」がありますが、展示会主催者発行による日本語の出展要項が求められるので、実質的に海外展示会出展には適用されません。また、東京都以外の道府県でも同様の助成金がある場合がありますので、それぞれの道府県に確認してください。

用できる補助金・助成金は上表のとおりです。このなかで海外販路開拓を主に補助対象とするのは、「ものづくり補助金・グローバル市場開拓枠・海外市場開拓（JAPANブランド）類型」となります。

ものづくり補助金には、他の枠・類型もありますが、海外販路開拓に特化した類型はこの類型となります。他の補助金は、海外販路開拓を主目的とはしていませんが、海外販路開拓に係る費用も補助対象となります。

知財権保護に活用できる補助金・助成金に関しては、次ページ表のとおりですが（2023年７月現在）、相当充実しています。知財権の重要性については４－２項で解説しましたが、これらの補助金・助成金を自社の知財戦略の推進に活用するとよいでしょう。

◎知財権保護に活用できる補助金・助成金◎

事業主体	補助金・助成金名	補助金・上限	補助率	主な要件
特許庁	中小企業等外国出願支援事業	300万円	1/2	外国出願にかかる費用であること（1申請案件あたり補助上限：特許 150万円、実用新案、意匠、商標 60万円、冒認対策商標 30万円）。
	中小企業等外国出願中間手続支援事業	60万円	1/2	外国特許出願の審査請求にかかる費用であること。上記「中小企業等外国出願支援事業」を利用していること。
東京都	東京都・外国特許出願費用助成事業	400万円	1/2	優れた技術等を有し、かつ、それらを海外において広く活用しようとする中小企業に対し、外国特許出願から中間手続きに要する費用の一部を助成。
	東京都・外国実用新案出願費用助成事業	60万円	1/2	海外での知的財産侵害訴訟リスクの対策として、早期に権利化できる実用新案を活用しようとする中小企業に対し外国実用新案出願に要する費用の一部を助成。
	東京都・外国意匠出願費用助成事業	60万円	1/2	優れた商品に創造性または審美性のある意匠を有し、かつ、それを海外において広く活用しようとする中小企業に対し、外国意匠出願に要する費用の一部を助成。
	東京都・外国商標出願費用助成事業	60万円	1/2	優れた商品やサービスに識別力のある商標を有し、かつ、それらを海外において広く活用しようとする中小企業に対し、外国商標出願に要する費用の一部を助成。
	東京都・外国侵害調査費用助成事業	200万円	1/2	外国における自社製品の模倣品・権利侵害について、事実確認調査、侵害品の鑑定、侵害先への警告等の対策や、外国で製造された模倣品の国内への輸入を阻止するための対策を行なう中小企業者に対し、それらに要する費用の一部を助成。
	東京都・特許調査費用助成事業	100万円	1/2	明確な事業戦略をもつ中小企業者が、開発戦略策定等を目的に他社特許調査を依頼した場合、その要する費用の一部を助成。
	東京都・外国著作権登録費用助成事業	10万円	1/2	優れた商品やサービスにおける著作物を有し、かつ、それらを海外において広く活用しようとする中小企業に対し、外国著作権登録に要する費用の一部を助成。
	東京都・海外商標対策支援助成事業	500万円	1/2	中小企業が自社ブランドによる海外販路拡大を図るため、進出予定国でビジネスの障害となる他社類似商標等を取消しまたは無効化する取組みを、助成金と専門家でサポート。
	東京都・グローバルニッチトップ助成事業	1,000万円	1/2	世界規模で事業展開が期待できる技術や製品を有する中小企業等に対して、知的財産権の取得等に要する経費の助成および知的戦略アドバイザー等による知財戦略の策定から実施までの支援を、3か年にわたり実行。

（＊）上記の表で東京都の知財関連の助成金を紹介していますが、その他の道府県でも同様の助成金がある場合がありますので、それぞれの道府県に確認してください。

5-2 補助金活用のメリット・デメリット

自己資金、借入金で不足する資金を賄える

公的補助金の最大のメリットは、「**受けた補助金は返済の必要がない**」ということです。海外販路開拓を行なうには資金が必要となり、自己資金もしくは金融機関からの借入れによって資金調達をする必要があります。その一部を返済不要の補助金で賄えるわけです。

ただし、補助金の入金は補助事業が完了した後となるので、それまでは事業者が立て替える必要があります。

一方で、「**自由度が低い**」というデメリットがあります。たとえば、「ものづくり補助金・グローバル市場開拓枠・海外市場開拓（ＪＡＰＡＮブランド）類型」では、海外販路開拓のための活動であっても、50万円以上の機械装置の導入・システム構築が必要であり、交付決定後でなければ事業開始できませんし（意思決定してから事業開始まで３～６か月程度は必要）、申請後に審査が行なわれ、点数が高いものが採択されますが、採択率が高くない（グローバル開拓枠全体で３分の１程度）、といったことがあります。

また、申請時に必要な書類として、事業計画書、海外市場調査報告書（最終販売先の２分の１以上が海外顧客となることが必要で、具体的な想定顧客がわかるもの）、実績報告時に想定顧客による試作品等性能評価報告書などが必要となります。補助金が採択されるかどうかは、ほぼそれらの書類の内容次第です（公募要項に記載されている補助金の「審査項目・加点項目」により審査されます）。

その他の申請の詳細条件は、ものづくり補助金の公募要項に記載されており、条件は多岐にわたっているので、中小企業庁認定の「経営革新等認定支援機関」等に相談するのもよいでしょう（著者が代表を務めるコンサルタント会社も同支援機関となっています）。

5-3

補助金を活用する例

どんな事業にどのくらいの補助金が出るの？

海外販路開拓を主に補助対象とする「**ものづくり補助金・グローバル市場開拓枠・海外市場開拓（ＪＡＰＡＮブランド）類型**」では、機械装置・システム構築費（単価50万円（税抜き）以上の設備投資を行なうことが必須）、技術導入費、専門家経費、運搬費、クラウドサービス利用費、原材料費、外注費、知的財産権等関連経費、海外旅費、通訳・翻訳費、広告宣伝・販売促進費といった経費が補助対象となっています（3,000万円が補助金の上限です）。

同類型での補助率は、中小企業の場合で１／２、小規模事業者（常勤従業員数が、製造業その他・宿泊業・娯楽業では20人以下、卸売業・小売業・サービス業では５人以下の会社）の場合は２／３となっています。

たとえば、小規模事業者が補助金の上限である3,000万円を受給する場合には、総額4,500万円の事業で申請する、ということになります。この場合は、1,500万円が自社負担となります。

同類型を活用して想定される海外販路開拓のための事業経費の例としては、以下のことがあげられます。

- **商談のための渡航費**（航空券代、現地交通費、ホテル代、通訳費用等）
- **海外展示会出展関連費用**（出展小間代、小間装飾費用、渡航費、展示品輸送費用、通訳費用等）
- **自社ＥＣサイト構築費用**（Amazon等のオンラインショッピング・プラットフォームに関わる費用は、補助事業期間内に

発生する分のみが補助対象となります）
- **外国語ホームページ制作費用**
- **動画制作費用**（外国語への翻訳費用も含みます）
- **広告宣伝費**（リスティング広告・ディスプレイ広告などのネット広告費用、インフルエンサー活用に係る費用等）
- **知的財産権出願登録費用**（日本の特許庁に納付する手数料は対象外）
- **国際規格認証の取得に係る費用**

事業経費が比較的少額であれば、「**小規模事業者持続化補助金**」の活用もお勧めです。

この補助金は、小規模事業者だけが申請できますが、ものづくり補助金とほぼ同様の種類の経費が補助対象経費となっています（こちらのほうが採択率も高くなっています）。

補助金の上限は200万円です。これは、賃金引上げ枠（下記参照）の場合で、他にも枠がありますが、この枠の上限が一番高くなっています。補助率は２／３（赤字事業者は３／４）となっています。

＜賃金引上げ枠とは＞

「補助事業の終了時点において、事業場内最低賃金が申請時の地域別最低賃金より＋30円以上であること」が条件となっている枠のことをいいます。

事業再構築補助金の活用

217ページの表にある「**事業再構築補助金**」は、製品等の新規性要件を満たす新たな製品を、市場の新規性要件を満たす新たな市場に販売するための補助金です。

海外販路開拓を主目的とした補助金ではありませんが、製品等の新規性要件、市場の新規性要件などを満たせば、海外販路開拓の事業にも活用できます。

補助対象経費は、建物費、機械装置・システム構築費（リース料を含む）、技術導入費、専門家経費、運搬費、クラウドサービス利用費、外注費、知的財産権等関連経費、広告宣伝・販売促進費、研修費となっています。最大8,000万円が補助金の上限となっていますが、各枠によって上限額は異なります。

本補助金の補助率は、1／3～3／4です（枠や中小企業者か中堅企業かにより異なります）。

「ものづくり補助金・グローバル市場開拓枠・海外市場開拓（ＪＡＰＡＮブランド）類型」に近い経費が補助対象となりますが、海外旅費、通訳・翻訳費については、補助対象としては認められていません。商談のための渡航費なども補助対象とはなりません。

なお、本補助金で導入した機械装置等について、海外子会社に貸与することは可能とされています。また、事業再構築補助金を申請する際には、認定経営革新等支援機関による確認が必要で、同機関による確認書を提出する必要があります。申請の際には、認定経営革新等支援機関に相談してください。

217ページ表にある東京都の「**東京都・市場開拓助成事業**」（助成金）は、海外の展示会出展・販売促進費に活用できますが、補助金上限は300万円、補助率は1／2です。ただし、展示会出展の場合の助成対象には、渡航費は含まれません。

なお、本助成金の申請には、東京都の事業（経営革新計画、海外販路ナビゲータによるハンズオン支援、等々）において、評価、認定、支援等を受けていること、または東京都が指定する成長産業分野であること、が申請の条件となっています。

5-4

海外販路開拓に活用できる公的支援機関

本書の最後に、海外販路開拓や海外関連業務の支援を行なっている主な公的支援機関を以下に紹介しておきましょう。

【独立行政法人 日本貿易振興機構】（ジェトロ）

ジェトロでは、70か所を超える海外事務所ならびに本部（東京）、大阪本部、アジア経済研究所および国内事務所をあわせ約50の国内拠点からなる国内外ネットワークをフルに活用し、対日投資の促進、農林水産物・食品の輸出や中堅・中小企業等の海外展開支援を行なっています。

ＵＲＬ…https://www.jetro.go.jp/jetro/

<主なサービス>

- 国内での相談…新輸出大国コンソーシアム専門家による支援、農林水産物など食品輸出相談窓口、医療国際展開専門家（医療機器）への相談、米国における製造拠点等の立地選定支援、インドデスク、アフリカビジネスデスク（相談対応 情報提供・調査）、農林水産・食品分野の海外コーディネーターによる輸出可能性相談、海外投資アドバイザーへの相談に応じています。
- 販路開拓・取引先を探す…展示会・商談会への出展支援メンバーズ、海外ミニ調査企業リストアップ、「新輸出大国コンソーシアム」専門家による個別支援サービス、海外におけるＥＣ販売プロジェクト（JAPAN MALL）、米国Amazon越境EC「JAPAN STORE」出品支援、通年型オンライン展示会への出展支援（JAPAN LINKAGE）、ジェトロ招待バイヤー専用オンラインカタログサイト（Japan Street事業）、JETRO EC Academy for US Market、クールジャパン海外需要開拓プログラムTakumi Next、地域のニーズ、産業特性などに応じた海外販路開拓・拡大支援（地域貢献プロジェクト）、輸出拡大が期待される分野のテーマ別の海外販路開拓等への支援強化事業の募集（農林水産・食品分野）、e-Venue（国際ビジネスマッチングサイト）、日本産食品サンプルショールーム、米国のクラウドファンディングを活用したアニメーション海外展開支援事業などを行なっています。

● 海外進出企業向け支援…ビジネスサポートセンター、中小企業向け海外展開現地支援プラットフォーム、海外投資アドバイザー、海外サプライチェーン多元化等支援事業助成、デジタル技術を活用したサプライチェーンの高度化支援事業、海外企業との協業・連携支援（J-Bridge）などを行なっています。

【独立行政法人国際協力機構】（ＪＩＣＡ）

開発途上国が抱えるさまざまな課題解決に向けて、「技術協力」「有償資金協力」「無償資金協力」という３つの援助手法を一元的に手がけています。民間企業と連携した、開発インパクト創出、海外ビジネス展開、地域活性化の促進を目的とした、途上国の課題解決に取り組む民間連携事業も行なっています。

ＵＲＬ…https://www.jica.go.jp/

＜主なサービス＞（民間連携事業）

ニーズ確認調査、民間連携事業、ビジネス化実証事業。

【独立行政法人中小企業基盤整備機構】

国の中小企業政策の中核的な実施機関として、経営者のさまざまな課題や悩みに応じた多様な支援メニューで、中小企業の成長を応援しています。海外市場の獲得が事業成長のカギとなったいま、海外展開戦略の立案から実現まで、一貫したサポートを行なっています。

ＵＲＬ…https://www.smrj.go.jp/index.html

＜主なサービス＞

海外ＣＥＯ商談会、ｅコマース支援、海外展開ハンズオン支援、展示会での出張アドバイス、海外展開セミナー 海外展開の支援事例の紹介、ビジネスミッション事業中小機構提案型。

【公益財団法人東京都中小企業振興公社】

東京都内にある中小企業のための総合支援機関です。創業から事業化（製品開発・販路開拓・助成金）、承継・再生まで企業のあらゆるステージでの支援を行なっています。

ＵＲＬ…https://www.tokyo-kosha.or.jp/

＜主なサービス＞

海外展示会出展支援、海外販路開拓支援（個別マッチング支援）、海外展開プランの策定支援、越境ＥＣ出品支援、海外拠点設置等戦略サポート、海外デジタルマーケティング支援、海外オンライン展示会出展支援、海外ワンストップ相談。

【独立行政法人東京都立産業技術研究センター】

東京都内にある中小企業への技術的な支援を行なうことを目的として、東京都に設置された公設試験研究機関です。広域首都圏輸出製品技術支援センター（ＭＴＥＰ）を、広域首都圏公設試験研究機関（東京都、茨城県、栃木県、群馬県、埼玉県、千葉県、神奈川県、新潟県、山梨県、長野県、静岡県、横浜市）と連携して中小企業のための海外展開支援サービスを行なっています。

ＵＲＬ…https://www.iri-tokyo.jp/

＜主なサービス＞

技術相談、依頼試験実施、オーダーメード型技術支援、ＭＴＥＰ（東京都、茨城県、栃木県、群馬県、埼玉県、千葉県、神奈川県、新潟県、山梨県、長野県、静岡県の企業が利用可）のＣＥマーキング適合宣言に向けた支援サービス、海外認証取得に向けた支援サービス、製品含有化学物質に関する情報提供および相談対応、専門相談員による技術相談、国際規格適合設計支援、海外規格閲覧サービス。

【株式会社日本貿易保険】

政府が全額出資する特殊会社で、貿易保険（日本の企業が行なう海外取引（輸出・投資・融資）の輸出不能や代金回収不能をカバーする保険）の引受けを行なっています。

ＵＲＬ…https://www.nexi.go.jp/

＜主なサービス＞

中小企業・農林水産業輸出代金保険、貿易一般保険（個別・企業総合、技術契約等）、海外投資保険、前払輸入保険等の引受け。

【一般財団法人安全保障貿易情報センター】（ＣＩＳＴＥＣ）

安全保障輸出管理に関する調査研究・産業界の意見の集約等、企業の安全保障輸出管理の支援、輸出管理ツールの提供等を行なっています。

ＵＲＬ…https://www.cistec.or.jp/

＜主なサービス＞

該否判定支援サービス、輸出管理相談、講師派遣、監査・体制整備支援、安全保障輸出管理に係るセミナー開催・情報提供、輸出管理人材マッチング、募集情報提供／情報提供の登録。

【一般財団法人日本商事仲裁協会】

「商事紛争の処理および未然防止等を図ることにより、円滑な商事取引を促進し、もって我が国経済の健全な発展に寄与」することを目的としています。そのために、商事紛争に関する仲裁・調停・斡旋、国際取引に関する相談および情報提供、ＡＴＡカルネおよびＳＣＣカルネの発給および保証などを行なっています。

ＵＲＬ…https://www.jcaa.or.jp/

＜主なサービス＞

商事紛争の仲裁・調停、国内／国際契約・国内／国際取引法律相談、モデル英文契約書の販売、国内／国際契約・国内／国際取引法律相談。

【独立行政法人工業所有権情報・研修館】（ＩＮＰＩＤ）

パリ条約において加盟国に設置が義務づけられている公報等の閲覧を行なう中央資料館として位置づけられています。公報等の閲覧業務に加えて、工業所有権相談業務、対外情報サービス業務、人材育成業務等の産業財産権に関する幅広い業務を行なっています。

ＵＲＬ…https://www.inpit.go.jp/

＜主なサービス＞

知財総合支援窓口（各都道府県）、専門家等チームによる伴走支援（加速的支援）、営業秘密・知財戦略相談窓口、海外展開知財支援窓口、オープンイノベーション支援、企業研修・セミナーなどへの講師派遣（海外展開・営業秘密管理）、特許情報提供（J-PlatPat）。

【一般財団法人海外産業人材育成協会】（ＡＯＴＳ）

主に開発途上国の産業人材を対象とした研修および専門家派遣等の技術協力を推進する人材育成機関として活動しています。海外人材育成事業、外国人の産業人材に対する日本語教育、日本社会のグローバル化推進等の事業を実施しています。

ＵＲＬ…https://www.aots.jp/

＜主なサービス＞

海外インターンシップ（若手人材への新興国ビジネス体験型インターンシップ）、外国人材受入支援、日本企業・自治体等のグローバル化支援、高度外国人材等の人材紹介。

得 知識

アフィリエイトとインフルエンサーの違い

２章の112ページで「**インフルエンサー**」の活用について解説しましたが、インフルエンサーと似たような存在として「**アフィリエイト**」があります。

アフィリエイトは、自分で宣伝する商品やサービスを選び出し、それに関する記事やページをつくって広告を貼り付けるシステムをいいます。

インフルエンサーは、自分のＳＮＳアカウントで商品やサービスを紹介することで、フォロワーに影響を与えることを目的としています。

アフィリエイトは、本人の知名度や影響力とは無関係で活動することができます。

一方、インフルエンサーには、多くのフォロワーを得ないと認められないという違いがあります。

おわりに

本書をお読みいただき、まことにありがとうございます。

本書では、海外販路開拓に向けての重要な要素や具体的な手法について、詳しく説明しました。
これらの情報が、貴社のビジネスにおいて、新たな可能性や成長の機会を見つける手助けとなりましたら幸いです。

一方で海外取引には、国内取引にはないさまざまなリスクが存在します。本書を参考にされて、リスク対策も念頭において海外販路開拓に取り組んでいただければと思います。

ひと昔前には、日本の工業製品は圧倒的な競争力を誇っていました。
しかし現在では、中国製や韓国製などの競合品・類似品が多くの分野で出回り、コストのみならず、機能、品質でも侮れないものになってきています。
そのようななか、自社製品の強み、弱み、市場ニーズを十分に分析したうえで、どのように差別化を図っていくかが、海外販路開拓を成功に導く重要なキーになると考えます。

初めて取り組まれる方にとって、海外販路開拓は挑戦的なプロセスではありますが、グローバル市場での成功は、多くのメリットを貴社にもたらすことでしょう。
貴社の製品やサービスが、世界中の顧客に届くことを願っています。

もし、本書の内容を実践される際に、ご不明点やサポートが必要な場合は、下記会社までいつでもお気軽にご連絡ください。貴社の成功をサポートする機会があれば心より喜ばしく思います。

　最後に、本書の編集で多大なるサポートをいただいたアニモ出版の小林様および関係者の方々に感謝を申し上げます。
　引き続きのご成功を心より願っています。

尾崎　太郎

【筆者が代表を務めるコンサルタント会社】
株式会社エイネットコンサルタント
　海外販路開拓、海外進出支援、各種公的補助金申請支援を得意としているコンサルタント会社です。補助金を活用した海外販路開拓事業の経験も豊富で、中小企業庁認定の経営革新等認定支援機関となっています。
　本書の内容を実際に展開するに際して、サポートが必要であれば、何なりとご相談ください。本書で解説した海外販路開拓の取組みの一部のみを実施したい、というようなスポットのご支援も承っています。
＜Ｅメール＞info@anetconsul.com
＜ＵＲＬ＞　https://www.anetconsul.com

【参考文献】
『ジェトロ貿易ハンドブック』（日本貿易振興機構刊）

尾崎太郎（おざき　たろう）

東京都出身。國學院大學経済学部経済学科卒業。中小企業診断士。
機械専門商社での海外営業、ＰＯＳ製造販売会社での米国駐在・海外営業等、自動車部品製造会社でのタイ駐在、カナダ、英国、タイ、インドネシアなどの拠点設立業務等に従事。その後、(株)エイネットコンサルタントを設立、同社代表に就任し、中小企業の海外販路開拓・海外進出支援、公的補助金申請支援等に従事し、現在に至る。2018年度～2023年度にジェトロの新輸出大国パートナーとしても、中小企業の海外販路開拓・海外進出の支援を行なっている。(一般社団法人)城西コンサルタントグループ所属。

中小企業のための
海外販路開拓と輸出の実務手引き

2023年10月15日　初版発行

著　者　尾崎太郎
発行者　吉溪慎太郎

発行所　株式会社**アニモ出版**
〒162-0832 東京都新宿区岩戸町12 レベッカビル
TEL 03(5206)8505　FAX 03(6265)0130
http://www.animo-pub.co.jp/

 ISBN978-4-89795-278-9
印刷・製本：壮光舎印刷　Printed in Japan